Regards sur les dépôts lapidaires de la France du Nord

Publications du CRAHM

Centre Michel de Boüard
Centre de recherches archéologiques et historiques anciennes et médiévales
Université de Caen Basse-Normandie
Esplanade de la Paix
14032 Caen cedex

http://www.unicaen.fr/craham/publications
crahm.publications@unicaen.fr
Tél. : 02 31 56 56 09

Illustration de couverture :
Dépôt lapidaire de l'abbaye Notre-Dame de Beauport, claveaux d'ogives, calcaire (cl. P. Techer).

ISBN : 978-2-902685-82-0

Actes de la journée d'études
« L'architecture en objets : les dépôts lapidaires de la France du Nord »
Paris, Institut National d'Histoire de l'Art
Vendredi 12 décembre 2008

Regards sur les dépôts lapidaires de la France du Nord

Actes publiés sous la direction de

Delphine HANQUIEZ

Comité scientifique

Philippe RACINET, professeur d'histoire et d'archéologie médiévales, université de Picardie Jules Verne
Arnaud TIMBERT, maître de conférences en histoire de l'art médiéval, université Charles-de-Gaulle-Lille 3
Delphine HANQUIEZ, maître de conférences en histoire de l'art médiéval, université d'Artois

Publications du CRAHM – Caen
2011

REMERCIEMENTS

Delphine HANQUIEZ

LE PRÉSENT OUVRAGE est constitué des actes de la journée d'études, initialement intitulée « L'architecture en objets : les dépôts lapidaires de la France du Nord », qui s'est déroulée à l'Institut National d'Histoire de l'Art, à Paris, le 12 décembre 2008. Elle a bénéficié du soutien :
– de l'Institut de Recherches Historiques du Septentrion (IRHiS), CNRS-UMR 8529, de l'université Charles-de-Gaulle-Lille 3, dirigé par Daniel Dubuisson ;
– du Laboratoire d'Histoire et d'Archéologie, EA 3912, de l'université de Picardie Jules Verne d'Amiens, dirigé par Philippe Racinet ;
– de l'Institut National de l'Histoire de l'Art, à Paris, qui nous a accueilli dans ses locaux.

Je remercie toutes les personnes qui ont participé à cette journée d'études, les intervenants d'abord : Éric Blanchegorge (conservateur en chef, musée Antoine Vivenel de Compiègne), James Bugslag (professeur d'histoire de l'art, université du Manitoba, Canada), Bruno Danel (étudiant en Master 2 recherche, université Charles-de-Gaulle-Lille 3), Stéphanie Diane Daussy (docteur en histoire de l'art médiéval, université Charles-de-Gaulle-Lille 3), Raphaële Delas (docteur en histoire de l'art contemporain, université de Picardie Jules Verne), Gilles Deshayes (doctorant en histoire et archéologie médiévales, université de Rouen), Claire Labrecque (professeur d'histoire de l'art, université de Winnipeg, Canada), Bénédicte Pradié-Ottinger (conservatrice en chef des musées de Senlis) et Pascale Techer (étudiante en Master 2 recherche, université de Poitiers) ; ainsi que les présidents de séance : Jean-Marie Guillouët, conseiller scientifique pour le Moyen Âge à l'INHA, Jannie Mayer, conservateur en chef du patrimoine à la Médiathèque de l'Architecture et du Patrimoine, et enfin Arnaud Timbert à qui a incombé la tâche de poser les conclusions de cette journée.

Je suis particulièrement reconnaissante à Arnaud Timbert qui, après avoir initié le programme de recherches autour des dépôts lapidaires, m'a confié la direction de cette seconde rencontre.

Ces actes ont été publiés avec le concours de la Direction régionale des affaires culturelles de la région Centre, des Publications du CRAHM, du laboratoire IRHiS (Université Charles-de-Gaulle-Lille 3) et du musée Gallé-Juillet de Creil.

INTRODUCTION

Delphine HANQUIEZ

LES ACTES de la journée d'études consacrée aux dépôts lapidaires de la France du Nord livrés aujourd'hui à la communauté scientifique regroupent une grande partie des communications qui furent présentées au cours de cette rencontre.

Cet ouvrage s'inscrit dans la continuité d'un projet engagé depuis 2002, année durant laquelle l'université Charles-de-Gaulle-Lille 3 (Laboratoire IRHiS, CNRS-UMR 8529) et l'université de Picardie-Jules Verne d'Amiens (Laboratoire d'Histoire et d'Archéologie, EA 3912) ont signé une convention avec plusieurs villes de Picardie telles que Noyon, Saint-Leu-d'Esserent, Soissons, Senlis, ou encore l'Institut de France pour l'abbaye de Chaâlis, dans le cadre d'un programme de recherches ayant pour dessein l'inventaire et l'étude des pièces des dépôts lapidaires de ces villes. Les recherches qui en découlaient ont fait l'objet d'une première journée d'études, en 2006, et d'une publication synthétique en 2008 : *L'architecture en objets : les dépôts lapidaires de Picardie*[1]. Ce premier volume, qui fonde les principes méthodologiques de l'inventaire et des techniques d'analyses inhérentes à l'étude de l'architecture réduite à l'état de mobilier, constitue la première étape d'une recherche en marche. L'ampleur du travail effectué depuis cette dernière publication[2] et le concours de chercheurs d'autres régions et universités appelaient à une seconde rencontre ainsi qu'à l'élargissement du champ d'investigation géographique à la Normandie, à la Bretagne et à la Beauce. Cette deuxième journée d'études a permis de réunir des chercheurs, qu'ils soient archéologues ou historiens de l'art, débutants ou confirmés, et des professionnels du milieu de la conservation, qui œuvrent tous en faveur d'une meilleure connaissance, reconnaissance et valorisation des dépôts lapidaires.

Depuis la prise de conscience par l'administration de la Commission des Monuments historiques dans les années 1835 de la nécessité de protéger les dépôts lapidaires – mais sans véritable politique d'inventaire et de mise en valeur – et l'élan donné par Léon Pressouyre dès la fin des années 1960 pour mener plusieurs entreprises d'inventaire[3], force est de constater que seuls quelques monuments, telles les cathédrales de Chartres et Noyon, bénéficient actuellement d'un inventaire systématique et exhaustif de leur dépôt lapidaire. Cet état de fait est lié au déficit humain et financier des différentes institutions qui interviennent dans ce type de mission : ainsi, les Services régionaux de l'Inventaire n'ont pas toujours les moyens

1. TIMBERT et HANQUIEZ (dir.) 2008.

2. TIMBERT (dir.) 2011.
3. Voir à ce sujet : TIMBERT 2008.

humains et les fonds nécessaires pour ce type d'opérations, tout comme les universitaires, qui jonglent entre la médiocrité de leur budget et la disponibilité de leurs étudiants ; enfin à l'échelle des villes, lorsque des archéologues municipaux sont présents[4], ils sont souvent soumis à des contraintes de temps qui ne leur permettent pas d'engager l'inventaire de dépôts pléthoriques, comme à la cathédrale de Laon. Dans un contexte national, les cathédrales appartenant à l'État, mais aussi les monuments de prestige, telle la Sainte-Chapelle, dotés d'un dépôt lapidaire le plus souvent depuis le XIXe siècle, ne bénéficient pas toujours d'un inventaire exhaustif ni d'une étude[5].

Le contexte n'est incontestablement pas des plus favorables et les restrictions budgétaires des ministères de la Culture et de la Recherche n'annoncent pas un avenir radieux. Mais malgré cette situation, les dépôts lapidaires existent bel et bien et demeurent sans conteste une source essentielle à la connaissance des monuments auxquels ils se rattachent. Les initiatives qui tendent à améliorer cette situation existent néanmoins. Relevons ainsi l'entreprise personnelle du chercheur qui, attaché à un monument, prend soin d'inventorier et d'étudier les blocs dans la perspective d'une étude monographique[6], mais aussi l'impulsion des collectivités locales, telles les municipalités de Saint-Leu-d'Esserent et Noyon qui, conscientes de l'importance de la sauvegarde et de la connaissance de leur patrimoine, s'engagent dans une politique de préservation de ces vestiges architecturaux et de présentation tournée vers un large public en recourant à des sociétés privées, comme *Memoriae*[7] ou *Arthémis*[8]. Mais reste qu'inventorier n'est pas étudier ; le travail de l'historien de l'art et de l'archéologue reste donc fondamental dans cette démarche.

Si les publications totalement dédiées au dépôt lapidaire sont loin d'être légion[9], cet ouvrage n'aura qu'en partie pour but de pallier ce manque[10]. Les pièces, quelle que soit l'origine de leur provenance (déposées à la suite d'une restauration, d'une destruction ou retrouvées lors de fouilles archéologiques), désolidarisées de leur contexte architectural, ont acquis un statut d'objet mobilier. Leur inventaire, qui ne peut être considéré comme une fin en soi, constitue une étape préliminaire mais néanmoins plus que nécessaire pour une approche renouvelée et une meilleure compréhension des monuments, dont ces pièces constituent parfois, dans le cas d'édifices totalement détruits, les derniers témoins archéologiques. Dans le cadre d'une journée d'études, et étant donné l'importance numérique des pièces de la plupart des dépôts lapidaires exposés dans les présentes contributions, il fallait nécessairement faire un choix et resserrer le propos autour d'éléments significatifs, très souvent inédits, et qui amènent de nouvelles données à l'étude monographique du monument. Dans chacun des articles, aux approches parfois différentes, la contribution des dépôts lapidaires à la connaissance architecturale n'est jamais démentie, démontrant ainsi que cette entreprise d'inventaire et d'études fondées sur des critères répondant aux préoccupations contemporaines des chercheurs en histoire de l'architecture doit être encouragée et systématisée. Soulignons enfin que la voie initiée par Léon Pressouyre ne se limite plus aux seuls chercheurs français, comme en témoigne le caractère international de cette rencontre, qui révèle ainsi l'intérêt porté par nos collègues étrangers à une méthode investissant le bâti de manière indirecte.

Les sept communications réunies dans ce volume intéressent autant l'architecture que la sculpture monumentale, ornementale ou figurée, à travers des études sur les dépôts lapidaires des abbayes de Jumièges (Gilles Deshayes) et de Beauport (Pascale Techer), de l'hôtel-Dieu de Chartres (James Bugslag), de l'église paroissiale de Saint-Wulphy de Rue (Claire Labrecque), de la collégiale de Creil (Delphine Hanquiez), et de l'abbatiale de Royallieu (Stéphanie Diane Daussy). La question de la place et du rôle du dépôt – ou collection – lapidaire dans les musées de Senlis (Bénédicte Pradié-Ottinger) est également abordée.

---

4. Leur absence peut être notée dans des villes riches d'un patrimoine ancien, comme celles de Provins et de Moret-sur-Loing (Seine-et-Marne).

5. Ceci est d'autant plus dommageable à l'heure où l'architecture rayonnante est revisitée. Voir : *Paris, ville rayonnante* 2010.

6. Voir les travaux de Julie Aycard et Mathieu Tricoit respectivement sur la cathédrale de Senlis et sur la collégiale de Saint-Quentin. Signalons également le travail de Bruno Danel sur le dépôt lapidaire de l'ancienne collégiale de Lillers (Pas-de-Calais) ; ce fonds comprend soixante-quatre pièces sculptées d'une grande qualité formelle datant des XIe et XIIe siècles, dont une grande part (trente-quatre) est encore éparse dans les combles : DANEL 2007.

7. Site internet : www.memoriae-patrimoine.fr.

8. Site internet : www.arthemis-patrimoine.com.

9. Citons à titre d'exemples : SAULNIER et STRATFORD 1984 et VERGNOLLE 1994 ; STRATFORD (dir.) 2011.

10. Publier l'intégralité des pièces constituant les dépôts lapidaires sous forme d'un catalogue n'était pas le but de ce volume mais nous ne saurions qu'insister sur l'importance de telles publications.

Bibliographie

DANEL B.
2007, «Le fonds lapidaire de la collégiale Saint-Omer de Lillers. Inventaire, étude et synthèse», université Charles-de-Gaulle-Lille 3.

Paris, ville rayonnante
2010, Paris, ville rayonnante, catalogue d'exposition, Musée de Cluny - Musée national du Moyen Âge, 10 février-24 mai 2010, Paris, RMN.

TIMBERT A.
2008, «Sauvegarde et oubli des dépôts lapidaires. Le cas de Noyon et de la Picardie», dans TIMBERT A. et HANQUIEZ D. (dir.), *L'architecture en objets : les dépôts lapidaires de Picardie*, Actes de la Journée d'études à l'université d'Amiens, 22 septembre 2006, Amiens, CAHMER (collection Histoire médiévale et archéologie, vol. 21), p. 12-15.

TIMBERT A. (dir.)
2011, *La cathédrale Notre-Dame de Noyon : cinq années de recherches*, Noyon, publ. SHASN.

TIMBERT A. et HANQUIEZ D. (dir.)
2008, *L'architecture en objets : les dépôts lapidaires de Picardie*, Actes de la Journée d'études à l'université d'Amiens, 22 septembre 2006, Amiens, CAHMER (collection Histoire médiévale et archéologie, vol. 21).

SAULNIER L. et STRATFORD N.
1984, *La sculpture oubliée de Vézelay*, Paris-Genève, Droz-SFA.

STRATFORD N. (dir.)
2011, *Corpus de la sculpture du Cluny, tome 1, Les parties orientales de la Grande Église Cluny III*, Paris, Picard.

VERGNOLLE É.
1994, «Inventaire du dépôt lapidaire de Saint-Benoît-sur-Loire», *Bulletin archéologique du Comité des Travaux Historiques et Scientifiques*, vol. 17-18 A, p. 33-114.

LA PROBLÉMATIQUE DU (DES) DÉPÔT(S) LAPIDAIRE(S) DANS LA PERSPECTIVE DU MUSÉE : LE CAS DE SENLIS (OISE)

Bénédicte PRADIÉ-OTTINGER[*]

SENLIS offre sur une superficie restreinte un cœur de ville d'une densité patrimoniale exceptionnelle. Ce noyau remarquable se trouve enclos dans une enceinte bâtie à la fin du IIIe siècle pour protéger *Augustomagus* des invasions barbares. Construite à la hâte, cette muraille reprend dans ses substructures des éléments architecturaux et sculptés de la période gallo-romaine. Les éléments lapidaires les plus anciens remontent à cette période dont les arènes demeurent l'un des rares témoins architecturaux encore en place. L'ancien rempart sert d'assise au palais épiscopal et au château royal, monuments qui, avec la cathédrale Notre-Dame, font de Senlis une cité-phare sur le plan spirituel et politique aux XIIe et XIIIe siècles. Mais ces monuments insignes ne doivent pas faire oublier d'autres édifices remarquables comme le prieuré Saint-Maurice, la demeure de Raoul de Vermandois, la bibliothèque du chapitre, les églises toujours en place, Saint-Frambourg, Saint-Pierre, ou détruites, Saint-Rieul, Saint-Hilaire, et bien d'autres. Le vandalisme révolutionnaire affecta le patrimoine senlisien, déjà mis à mal par l'éclipse progressive de la cité sous l'Ancien Régime. Le XIXe siècle hérita de ces vestiges, placés entre les mains de propriétaires privés (château royal), de l'Église (cathédrale,

palais épiscopal) et d'une société savante, le comité archéologique de Senlis (CAS) (arènes). Le XXe siècle voit leur transfert à la municipalité. C'est le cas des édifices religieux à la suite de la loi de séparation de l'Église et de l'État en 1905, mais aussi de l'ensemble du château royal et du prieuré Saint-Maurice vendu à la ville en 1956. Les arènes restent néanmoins propriété de la Société d'Histoire et d'Archéologie de Senlis (SHAS) et Saint-Frambourg, de la fondation Cziffra.

La démarche patrimoniale qui se met en place au XIXe siècle correspond à une volonté d'étudier l'histoire nationale. Les architectures du passé et leurs vestiges en constituent les témoins. L'instauration de dépôts lapidaires se situe dans une perspective de collectes d'éléments dédiés à la connaissance et parfois aussi à la délectation. En 1979, P.-M. Auzas définissait le dépôt lapidaire comme « un rassemblement de pierres sculptées en provenance d'un monument détruit en totalité ou en partie[1] ». À Senlis, seul le dépôt de la cathédrale, créé en 1840, correspond parfaitement à cette définition. Les autres (garage de l'hôtel de Vermandois, salle du prieuré Saint-Maurice, local de l'ancien relais de poste de l'impasse Baumé), créés entre les années 1970 et 2000 à la faveur des fouilles et des

---

* Conservateur en chef des musées de Senlis.

1. Cité par Arnaud Timbert : TIMBERT 2008, p. 23.

déménagements, rassemblent de façon précaire des vestiges d'origines disparates. Pour autant, la problématique générale reste la même. Ces témoins ont une valeur historique et parfois artistique. De ce fait, ils doivent être conservés et étudiés, parfois restaurés et mis en valeur lorsque leurs qualités l'imposent.

D'un point de vue juridique, ces dépôts sont propriété municipale, mais aucun service de la ville n'en est à ce jour officiellement chargé. Au cours des deux dernières années, la prise de conscience de leur intérêt s'est trouvée ranimée pour différentes raisons, liées à la rénovation du musée d'Art et d'Archéologie et à la dynamique de la recherche. À cet égard, il faut saluer les travaux de Julie Aycard sur le dépôt lapidaire de la cathédrale[2], inscrits dans la démarche d'Arnaud Timbert, maître de conférences à l'université Charles-de-Gaulle-Lille 3, qui œuvre pour la redécouverte des dépôts lapidaires de Picardie en vue de renouveler l'étude des monuments. Grâce à l'émulation du Centre de Recherche et de Restauration des Musées de France (C2RMF), nous devons aussi évoquer les recherches d'Adèle Cambon[3] sur le lapidaire de la Société d'Histoire et d'Archéologie, menés dans le cadre d'un master de l'école du Louvre. Ces travaux universitaires, s'ils parviennent à susciter l'adhésion des édiles locaux autour de débouchés concrets, peuvent grandement contribuer à valoriser le patrimoine.

1. Présentation du dépôt lapidaire de la cathédrale

Dans les années 1840, alors que de grandes campagnes de restauration des Monuments historiques sont lancées en France, des dépôts lapidaires voient le jour en liaison avec ces travaux[4]. Dans la tribune sud de la cathédrale Notre-Dame sont ainsi stockés les plâtres avec traces de mise au point qui ont servi au sculpteur Robinet à reconstituer les têtes des rois situés dans les ébrasements du portail. La première guerre mondiale marque une étape malheureuse pour le monument, comme dans de nombreuses villes de Picardie. En 1925, la société d'Histoire, à travers son conservateur, M. Abrand, crée un musée lapidaire de la cathédrale[5] comprenant des fragments de dais des statues du portail ouest, des gargouilles de la flèche détachée par les bombardements, des chapiteaux de l'ancienne chapelle

de la Vierge avant son agrandissement en 1848, et d'autres objets comme la châsse de Saint-Rieul. On ignore le mode de fonctionnement et d'accessibilité de ce musée qui était sans doute plus proche d'une réserve. Un classement avec des lettres et des chiffres est instauré pour clarifier l'inventaire. En 1976, un inventaire des Monuments historiques (médiathèque de l'Architecture et du Patrimoine), qui correspond à un regain d'intérêt national pour les dépôts[6], recensait soixante-quinze pièces. À une date inconnue, ce dépôt s'est vu augmenté des éléments du chantier flamboyant de la cathédrale (1540-1560), qui constituent la majeure partie du dépôt. Ce sont des fragments d'architecture et de décor sculpté du portail sud, du décor intérieur, issus notamment de retables et peut-être d'un jubé, réexaminés par Julie Aycard pour sa thèse de doctorat. Au moment où débutait la restauration du portail ouest qui s'est achevée en 2007, la ville de Senlis demanda à Julie Aycard de réaliser un inventaire exhaustif du dépôt en vue de documenter le chantier. En 2006, le nombre des fragments, rangés par ses soins avec l'aide des services techniques de la Ville, était évalué à cent quarante-six. Ce dépôt s'est, hélas, très récemment enrichi de nouveaux éléments à la suite de la purge effectuée sur la façade flamboyante de la cathédrale, consécutive à des chutes de pierre.

La recherche universitaire et la restauration du portail du Couronnement ont donc été les deux facteurs déclenchants d'un nouvel intérêt pour le dépôt lapidaire. Quelles en sont aujourd'hui les retombées ?

Cet ensemble nécessite, à partir de l'inventaire établi, une sauvegarde et une mise en valeur de ses pièces majeures. La question du statut de ces objets peut être posée : sont-ils classés d'office en raison de leur caractère d'objet mobilier par destination ? Dans ce cas, ils devraient figurer à l'inventaire Mérimée du ministère de la Culture, ce qui n'est pas le cas. En tout état de cause, leur surveillance et leurs éventuels dépoussiérage, protection et restauration doivent être assurés en accord avec les services compétents de la Direction régionale des affaires culturelles (DRAC) et du département. Évidemment la pire situation en la matière est le désintérêt qui débouche sur l'oubli, c'est dire l'importance que revêt une présentation sélective au musée en complément des publications universitaires. Les liens de la cathédrale avec le musée ne sont à ce jour pas formalisés, malgré des échanges entre les deux sites. Trois sculptures importantes du musée, un *Baptistère* de l'ancien hôtel-Dieu, une *Pieta* du XIVe siècle

---

2. AYCARD 2006 et 2008, p. 245-259.
3. CAMBON DE LAVALETTE 2007-2008.
4. TIMBERT 2008, p. 12.
5. DAVID 2004-2005, p. 96.

6. TIMBERT 2008, p. 14-15.

provenant de l'église de Rieux près de Creil, une *Vierge* du XIVe siècle, y ont été déposées dans les années 1930 à la demande de monseigneur Dupuis. Inversement, des chapiteaux ont été prélevés au dépôt pour l'exposition *Senlis, un moment de la sculpture gothique* en 1977 et n'y sont retournés que récemment. Comme le musée d'Art et d'Archéologie a fermé pour travaux en 2007, les chapiteaux ont été réunis dans la tribune de la cathédrale. Cette période de réaménagement du musée constitue le moment opportun pour réfléchir à une présentation de certaines pièces du dépôt lapidaire, comme cela va être le cas pour plusieurs tableaux de la cathédrale. D'autant que le musée coordonne actuellement, avec le conservateur des Monuments historiques à la DRAC, Alexandra Gérard, et le conservateur des Antiquités et objets d'art du département, Richard Schuler, la mise en sécurité des éléments sculptés ornant différentes chapelles de la cathédrale.

Encore faut-il travailler aux hypothèses de présentation d'éléments souvent très lacunaires, ce qui nécessite une coordination complexe entre chercheurs, restaurateurs, conservateurs et muséographes.

2. Les trois autres dépôts lapidaires senlisiens

Trois autres dépôts lapidaires conservent des éléments de provenance beaucoup plus hétéroclite. Différentes catégories d'objets les composent : pierres tumulaires, sarcophages, éléments architectoniques (chapiteaux, colonnes, claveaux, consoles), baptistères, qui relèvent à la fois de l'archéologie du sous-sol, de l'archéologie du bâti et du décor des édifices. Dans ces dépôts ont été généralement placées des pièces imposantes, d'intérêt esthétique secondaire ou dans un état précaire. Les plus petites ont rejoint la réserve du musée d'Art et d'Archéologie. Ces éléments sont distribués sur trois sites :
– une salle voûtée d'ogives, sous l'escalier des matines au prieuré Saint-Maurice (fig. 1) ;
– le « garage » de l'hôtel de Vermandois (fig. 2) ;
– un espace de l'ancien relais de poste, impasse Baumé, instauré en 2002, au moment où les travaux de la chapelle du chancelier Guérin ont nécessité de transporter les gargouilles et différents éléments lapidaires qui se trouvaient sous la remise des évêques au palais épiscopal (fig. 3).

Un dépôt lapidaire en plein air, situé dans le jardin à l'arrière de l'évêché sur la rue aux Flageards, témoigne en outre du goût persistant pour l'esthétique des ruines en plein XXe siècle puisqu'il a été dessiné en 1932-1934 par

Fig. 1 : Réserve lapidaire, petite salle voûtée du prieuré Saint-Maurice (cl. musées de Senlis).

Fig. 2 : Réserve lapidaire, garage du musée de l'hôtel du Vermandois (cl. musées de Senlis).

Charles-Jean Hallo, illustrateur et conseiller municipal, fondateur du musée de la Vénerie[7].

Le lapidaire stocké dans ces dépôts a une double origine.
– La principale résulte des dons au comité archéologique de Senlis, qui prend en 1920 l'appellation de Société d'Histoire et d'Archéologie de Senlis, et du fruit de ses découvertes, à Senlis et dans son arrondissement. Si la création d'un musée n'est pas l'un des buts premiers de cette association, fondée en 1862, il existe dès l'année

---

7. Le dessin sur papier calque montrant les emplacements des différents éléments retenus avec leurs légendes est conservé dans les collections du musée d'Art et d'Archéologie de Senlis.

Fig. 3 : La présentation des gargouilles et crochets de la cathédrale sous la remise des évêques au palais épiscopal, musée d'Art et d'Archéologie (avant travaux des années 2000) (cl. musées de Senlis).

suivante un ensemble d'objets qui est transféré en 1867 au palais épiscopal. Au rez-de-chaussée de la chapelle du chancelier Guérin se trouve ainsi un dépôt lapidaire[8]. En 1927, les collections du comité archéologique de Senlis sont installées au musée du Haubergier. Très présent, le lapidaire prend place en rangs serrés dans la cave (chapiteaux, cercueils, clefs de voûte provenant de Saint-Rieul, chapiteaux) (fig. 4), dans la cour sous une remise à l'air libre (pierres tombales, *Vierge de pitié*, cuves baptismales, fragments de sculptures gallo-romaines) et dans les étages où se situe le plus petit lapidaire comme les ex-votos du temple gallo-romain de la forêt d'Halatte et la *Tête de Senlis* (fig. 5). Ce musée vivote avant de décliner. Ses collections sont finalement données à la Ville en 1952 et placées sous la houlette d'un conservateur appointé par

l'État, Françoise Amanieux, qui constate la disparition des inventaires, ce qui va rendre très difficile l'identification des œuvres dont on ne connaît plus l'origine. En 1980, le musée migre vers le palais épiscopal où les fragments de pierre se répartissent de façon très sélective, dans la remise des évêques, au rez-de-chaussée dans la salle voûtée d'ogives (fig. 6) et au sous-sol (ex-voto d'Halatte et lapidaire gallo-romain exhumé *in situ*). De nombreux éléments rejoignent les dépôts évoqués plus haut, ainsi que le musée de l'hôtel de Vermandois.
– La seconde origine des collections résulte en grande partie du produit des fouilles de l'archéologue de la ville de Senlis, Marc Durand, entre 1970 et 2000, notamment à l'église Saint-Pierre, et de quelques donations.

Au cours de la seconde moitié des années 1990, une première campagne sommaire de repérage, prises de vue et embryon d'inventaire est menée sur le lapidaire en réserve.

_____
8. DAVID 2004-2005, p. 74.

Musée Régional de la Société d'Histoire et d'Archéologie de Senlis
4   *Les Caves : Musée lapidaire.*

Fig. 4 : Cave du musée du Haubergier (carte postale).

Fig. 5 : Tête d'homme barbu, Senlis, musée d'Art et d'Archéologie (cl. musées de Senlis).

En septembre 2007, au moment de l'inauguration de la restauration du portail du Couronnement, l'Association des conservateurs de collections médiévales s'est réunie à Senlis. Cette journée a été l'occasion de faire le point sur l'origine de nos collections et d'échanger avec des collègues ayant des problématiques voisines. Le conservateur en chef de la filière sculpture au C2RMF et enseignante à l'école du Louvre, Christine Lancestremere, décide d'orienter l'une de ses étudiantes, Adèle Cambon de Lavalette, vers l'étude des dons d'éléments lapidaires du comité archéologique de Senlis, à partir d'un dépouillement systématique de ses *Bulletins* qui répertorient les pièces entrant dans les collections. Cette étude de grande qualité a permis de documenter un certain nombre de sculptures dont on ne connaissait même plus l'origine faute de marquage (stèles de Montlévêque). Le musée s'est lancé depuis dans une démarche plus volontaire à l'égard de son lapidaire sur les bases suivantes :

– Poursuivre son inventaire dans le cadre du plan d'informatisation et de numérisation des collections, soutenu par la DRAC et la région Picardie.

– Réfléchir à son avenir. La partition des collections entre le musée de l'histoire de la ville (hôtel de Vermandois) et le musée d'Art et d'Archéologie n'avait pas contribué à la mise en place d'une muséographie cohérente. Le chantier

Fig. 6 : Présentation du lapidaire dans la salle voûtée du musée d'Art et d'Archéologie en cours d'aménagement (cl. musées de Senlis).

Fig. 7 : Dalle tumulaire figurant un laboureur et sa charrue (cl. musées de Senlis).

Musée Régional de la S^{te} d'Histoire et d'Archéologie de Senlis.
8   *Le Mausolée des Puget (XVIIe siècle)*

Fig. 8 : Monument des Puget : état ancien à travers une carte et proposition de remontage (cl. musées de Senlis).

de réfection du musée d'Art et d'Archéologie a entraîné en 2007 la fermeture du Vermandois, converti en réserve provisoire. La sculpture médiévale était paradoxalement, puisqu'il s'agit d'une période phare dans l'histoire de Senlis, le parent pauvre de la présentation du musée d'Art et d'Archéologie si l'on s'en tient à sa faible présence numérique. La nouvelle configuration de certains espaces du musée permettra sans doute d'intégrer des éléments sculptés de cette période, comme la dalle tumulaire ornée d'un laboureur et sa charrue, qui était utilisée comme linteau à l'église Saint-Pierre (fig. 7).

La mise en valeur du lapidaire s'avérait, jusqu'à une date récente, problématique puisqu'il était question de faire de l'hôtel de Vermandois un musée de l'œuvre de la cathédrale. Ce projet, nécessitant une rénovation de l'édifice, a été finalement différé puisque le chantier du

palais épiscopal a été lancé en premier et qu'il nécessite la mobilisation de moyens importants. Il est donc préférable d'opter pour une sélection de pièces majeures qui pourraient intégrer la salle voûtée du rez-de-chaussée du palais épiscopal dans lequel figurerait un secteur « cathédrale », ou encore rejoindre la galerie Renaissance dont la restauration va débuter prochainement.

D'autres pièces insignes mais délaissées des collections, comme le *Monument des Puget* (fig. 8) ou le *buste de Vespasien* (fig. 9) se partagent les perspectives d'une présentation. La première a fait l'objet d'une proposition de remontage par Adèle Cambon et Hélène Susini dans le cadre d'une mission du C2RMF, la seconde est actuellement en cours de restauration au C2RMF avec un financement Ville/État/Région (FRAR). Les éléments lapidaires constituent sans aucun doute l'un des volets

*Fig. 9 : Buste de Vespasien après restauration, Senlis, musée
d'Art et d'Archéologie (cl. musées de Senlis).*

les plus difficiles à valoriser dans le cadre du musée, étant donné leur fragilité, leur difficile manipulation et par conséquent les moyens importants qu'ils mobilisent.

– Assurer la conservation des éléments lapidaires pour les transmettre aux générations futures en les regroupant dans un espace unique, cohérent et à l'abri des intempéries. Ce transfert est actuellement à l'étude. Dans la perspective de voir Senlis devenir ville d'Art et d'Histoire, les éléments lapidaires peuvent devenir un véritable outil pour expliquer l'architecture.

Les dépôts lapidaires de Senlis, jadis parents pauvres, bénéficieront incontestablement d'une meilleure prise en charge dans la perspective d'une valorisation globale d'un patrimoine, certes très lourd, mais dont la richesse suscite un intérêt à sa mesure.

Bibliographie

Aycard J.
2006, « Le dépôt lapidaire de Notre-Dame de Senlis », inventaire manuscrit, Musée d'art et d'archéologie, Senlis.
2008, « Le dépôt lapidaire de Notre-Dame de Senlis, le rôle de Guillaume Parvi, évêque de Senlis (1528-1537) », dans Timbert A. et Hanquiez D. (dir.), *L'architecture en objet : les dépôts lapidaires de Picardie*, Actes de la Journée d'études à l'université d'Amiens, 22 septembre 2006, Amiens, CAHMER, (collection Histoire médiévale et archéologie, vol. 21), p. 245-259.

Cambon de Lavalette A.
2007-2008, « Les œuvres lapidaires des musées de Senlis provenant des anciennes collections de la Société d'Histoire et d'Archéologie de Senlis », École du Louvre, Mémoire de muséologie, master I, sous la direction de Christine Lancestremere et Bénédicte Ottinger.

David M.
2004-2005, « Le rôle du comité archéologique de Senlis dans la naissance et le développement des musées de la Ville 1862-1952 », Mémoire de maîtrise, université Paris I-Panthéon Sorbonne.

Timbert A.
2008, « Sauvegarde et oubli des dépôts lapidaires. Le cas de Noyon et de la Picardie », dans Timbert A. et Hanquiez D. (dir.), *L'architecture en objet : les dépôts lapidaires de Picardie*, Actes de la Journée d'études à l'université d'Amiens, 22 septembre 2006, Amiens, CAHMER, (collection Histoire médiévale et archéologie, vol. 21), p. 11-39.

LES ÉLÉMENTS LAPIDAIRES CAROLINGIENS, ROMANS ET GOTHIQUES DE L'ABBAYE DE JUMIÈGES (SEINE-MARITIME)

Gilles DESHAYES[*]

Introduction : des collections et des dépôts lapidaires, une seule abbaye

Le village de Jumièges se situe dans la basse vallée de la Seine, en aval de Rouen (fig. 1). Son histoire et son paysage sont dominés par les ruines d'une abbaye bénédictine d'origine mérovingienne, aujourd'hui propriété du département de Seine-Maritime. Le site conserve les vestiges de deux églises et de plusieurs bâtiments conventuels dont les élévations associent les architectures carolingiennes, romanes et gothiques (fig. 2). Il constitue un exceptionnel ensemble archéologique fossilisé, en grande partie épargné par de trop sévères restaurations et fouilles anciennes.

Depuis deux cents ans, le monastère a fait l'objet de nombreuses études dont témoigne partiellement la bibliographie. Depuis 1988, en accord avec les propriétaires et la Direction régionale des affaires culturelles, James Morganstern, professeur émérite de l'université de Columbus (États-unis, Ohio), invite toujours plus de spécialistes à venir participer à ses recherches sur les églises[1].

Jusqu'à présent, seul le dépôt lapidaire « muséable » de l'abbaye avait été étudié par les historiens de l'art[2]. Notre recherche et notre étude des éléments lapidaires détachés des édifices[3], encouragées par ce chercheur, sont nées de la lecture de l'ouvrage du chanoine Jouen[4] qui localisait un certain nombre de pierres de l'abbaye dans les environs immédiats. La découverte de ce qu'il conviendrait d'appeler « un village de pierres sculptées » déboucha sur un mémoire de maîtrise d'histoire en 2001, partiellement publié en 2006. Ce travail bénéficie d'importantes sources d'informations : des centaines de pierres dispersées (dépôts, remplois, remblais) ; une

---

* Doctorant en histoire et archéologie médiévales, université de Rouen, GRHIS, CRAHAM.

1. Jacques Le Maho (histoire), Éliane Vergnolle (art roman), Françoise Gatouillat (vitrail), Véronique Legoux (enduits), Vincent Juhel (peinture), Daniel Prigent (appareillage), Yves Gallet (architecture gothique), Frédéric Épaud (charpentes), etc.

2. BARON 1981 et 2008 ; BAYLÉ 1992 ; VERGNOLLE 2003.

3. Avec l'aimable autorisation d'Isabelle Roby, administratrice du site, et de tous les propriétaires d'éléments lapidaires.

4. JOUEN 1926.

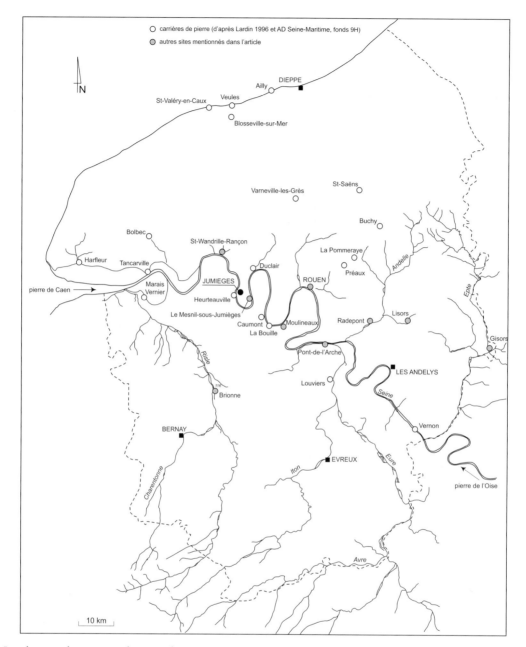

Fig. 1 : Localisation des carrières de pierre de Normandie orientale et des sites mentionnés dans l'article (DAO Gilles Deshayes).

iconographie ancienne abondante ; une série d'inventaires successifs de l'actuelle collection départementale ; une bibliographie fournie ; des découvertes ponctuelles au gré des travaux locaux.

Ces pierres se répartissent en sculptures (mobiles ou intégrées aux élévations), pierres ouvragées taillées en série (sculptées, moulurées, chanfreinées), pierres de taille, autres éléments (pierres tombales, etc.).

Notre recherche a d'abord consisté à évaluer l'historique des constructions et démolitions de l'abbaye, pour d'une part retrouver les différents dépôts et usages actuels des éléments lapidaires absents du site, d'autre part et une fois ceux-ci localisés, en tirer les données utiles à la connaissance des chantiers et des architectures successives, mais aussi à la restitution des éléments disparus.

*Fig. 2 : Vue aérienne des ruines de l'abbaye de Jumièges
(cl. Pascal Godbille).*

1. Douze siècles de chantiers

1.1. *Les constructions et démolitions de l'époque monastique (VIIe-XVIIIe siècle)*

L'histoire de l'abbaye est jalonnée d'un nombre insoupçonné de chantiers de construction d'édifices en pierre, essentiellement documentés par les vestiges actuels (fig. 3), imposants écorchés chronologiquement complémentaires, par les plans et vues isométriques de l'époque moderne[5], par les sources écrites (*Vita Philiberti* du début du VIIIe siècle ; *Histoire de l'abbaye royale de Saint-Pierre de*

Jumièges... rédigée par dom Dubusc en 1762), beaucoup moins par de rares fouilles archéologiques.

Fondé en 654, le monastère comptait trois églises dont Notre-Dame et Saint-Pierre. Le seul lapidaire qui pourrait en provenir est une série de colonnes de marbre antiques et de chapiteaux mérovingiens, en remploi dans la proche église de Duclair. L'enceinte quadrangulaire et cantonnée de tours comportait également un bâtiment conventuel avec cuisine, cellier et dortoir[6].

Les évolutions de la liturgie et de l'architecture à l'époque carolingienne engendrent la reconstruction de Saint-Pierre à la fin du VIIIe ou au début du IXe siècle, comme en témoignent les élévations actuelles de son porche et d'une partie de sa nef. L'abbaye est incendiée par les Vikings le 24 mai 841 puis sporadiquement occupée jusqu'à son abandon dans les décennies suivantes. Dans les années 940, une nouvelle communauté réhabilite le monastère et l'église Saint-Pierre tandis que Notre-Dame sert de carrière de pierres pour nourrir les fortifications de Rouen[7].

Le monastère devient « roman » au travers de la reconstruction de Notre-Dame entre 1040 et 1066[8], et d'un XIIe siècle sans doute très actif, qui voit la construction de la salle du chapitre (années 1120)[9], puis d'une grande *aula* ou hôtellerie[10], probablement d'un réfectoire et d'un dortoir au sud du carré claustral, d'un cloître mais aussi des bâtiments d'accueil (?) au sud de la porterie.

Il devient « gothique » dans la première moitié du XIIIe siècle en se complétant d'une infirmerie, d'un logis abbatial et de celliers. Les nouvelles architecture et liturgie sont à l'origine de travaux transformant surtout le chœur des deux églises, entre 1250 et 1400.

Malgré les difficultés, la prospérité encore forte au XIVe siècle permet de nouveaux travaux : le dortoir (1305)[11] ; l'église Saint-Pierre, le réfectoire (sur cave à cellules), le cloître et la bibliothèque (années 1330-1340) ; la porterie, les écuries, l'enceinte, des échauguettes et un logis royal[12] attribuables à l'époque où l'abbaye fut utilisée

---

5. AN, Inv. N.2.S.M.13.1 et 3, vue isométrique et plan de Pierre de la Vigne (1674) ; BM Rouen, Inv. 6713, vue isométrique de Théodore Basset de Jolimont (1702) ; AD Seine-Maritime, Inv. 12.Fi.461, plan de Herment (entre 1777 et 1790).

6. LE MAHO 2000.
7. LE MAHO et MORGANSTERN 2003.
8. MORGANSTERN 2003.
9. TIMBERT 2003.
10. MANOURY 1996.
11. DUBUSC 1762, t. II, p. 43-44.
12. DUBUSC 1762, t. II, p. 219 : « l'appartement de Charles VII » ; *ibid.*, p. 312-313 : « l'appartement de nos rois » ; AD Seine-Maritime, 9 H 37, fol. 81v-82r : « la salle nommée de Charles 7 » (1777) ; DESHAYES 1829, p. 198-199 : « le Vieux-Charles-VII ».

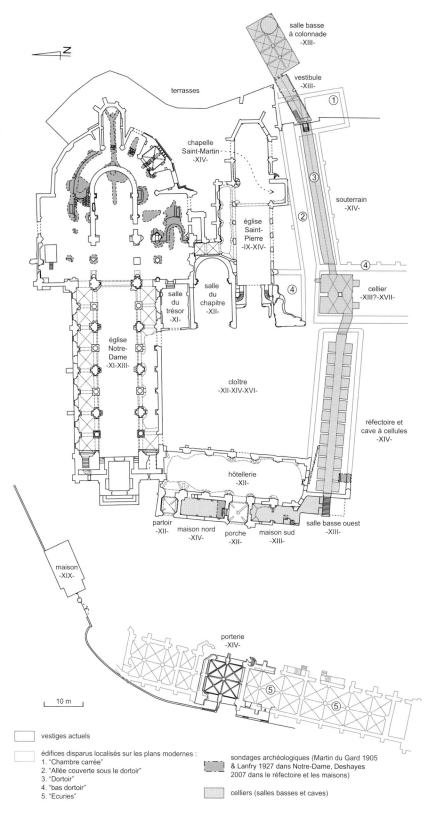

N

salle basse
à colonnade
-XIII-

vestibule
-XIII-

①

terrasses

chapelle
Saint-Martin
-XIV-

③

souterrain
-XIV-

②

église
Saint-
Pierre
-IX-XIV-

④

cellier
-XIII?-XVII-

④

salle
du
trésor
-XI-

salle
du
chapitre
-XII-

église
Notre-
Dame
-XI-XIII-

cloître
-XII-XIV-XVI-

réfectoire et
cave à cellules
-XIV-

hôtellerie
-XII-

parloir
-XII-

maison nord
-XIV-

porche
-XII-

maison sud
-XIII-

salle basse ouest
-XIII-

maison
-XIX-

porterie
-XIV-

⑤

10 m

⑤

vestiges actuels

édifices disparus localisés sur les plans modernes :
1. "Chambre carrée"
2. "Allée couverte sous le dortoir"
3. "Dortoir"
4. "bas dortoir"
5. "Ecuries"

sondages archéologiques (Martin du Gard 1905
& Lanfry 1927 dans Notre-Dame, Deshayes
2007 dans le réfectoire et les maisons)

celliers (salles basses et caves)

Fig. 3 : Plan de l'abbaye de Jumièges
(DAO Gilles Deshayes, d'après Pierre de la Vigne, Herment, Roger Martin du Gard et Georges Lanfry).

comme place-forte (années 1360) ou aux décennies suivantes[13].

Le monastère devient «flamboyant et Renaissance» entre 1450 et 1550 avec les chantiers des abbés commendataires : le colombier (vers 1450), le jubé de Notre-Dame (1488-1499), le dortoir et le réfectoire (1516), enfin le cloître (1530). Il devient enfin «mauriste et classique» avec les grandes élévations de la bibliothèque, du logis abbatial, des jardins en terrasses (années 1660) et le dortoir (1701-1732)[14].

Ces chantiers offrent une liste d'un minimum de démolitions et de (re)constructions. Les pierres d'un édifice fraîchement démonté étaient remployées dans les maçonneries du nouveau bâtiment ou servaient de remblai. Les murs gothiques des églises montrent encore des fragments carolingiens ou romans. Le blocage des galeries du dernier cloître conserve des débris moulurés des cloîtres précédents.

Plusieurs bâtiments ou partie d'édifices, comme le cloître, existent en plusieurs exemplaires. Il faut compter pour Notre-Dame au moins un chœur mérovingien, un autre roman, un dernier gothique, sans oublier un éventuel état carolingien dépourvu de toute documentation. Hors contexte architectural, chaque pierre peut être issue d'un nombre limité d'édifices connus, méconnus, supposés ou inconnus. L'étude intrinsèque et comparative de toutes les caractéristiques de chacune de ces pierres et de celles encore en place dans les ruines peut amener à proposer une filiation avec un édifice connu. Ce monument se trouve alors enrichi d'informations que seuls les éléments lapidaires isolés permettent de collecter.

1.2. Les démolitions à l'époque contemporaine

Les constructions de l'abbaye sont documentées par une dizaine de plans et perspectives antérieurs à 1788, par quelques sources écrites pendant les trente années suivantes[15], et entre 1817 et 1908 par une centaine de dessins et gravures, plus d'une cinquantaine de clichés et une bibliographie abondante et descriptive. Utile à l'étude du lapidaire dispersé, un historique assez précis des démolitions peut donc être établi.

1.2.1. Les principales démolitions (1796-1819)

En 1790, la municipalité projette de prendre Notre-Dame pour église paroissiale et de maintenir une communauté religieuse dans les autres bâtiments. Les derniers moines partent en septembre 1792. L'hiver suivant, près de quatre cents volontaires républicains auraient occupé et malmené le site. En 1794, les plombs des églises sont démontés. L'abbaye est ensuite successivement achetée par Pierre-Michel Lescuyer, receveur des domaines nationaux (1796), qui distribue le mobilier liturgique et vend les charpentes, Paul Capon, banquier à Paris (1797) et Jean-Baptiste Lefort, marchand de bois à Canteleu (1802). Ce dernier prévoyait de tout faire détruire avant 1815 pour récupérer un terrain nivelé. En 1818, le dortoir, le réfectoire, le cloître, le transept et les voûtes gothiques de Notre-Dame étaient déjà démolis. En un an, le mur nord du transept et le sanctuaire sont aussi détruits. En 1819, les ruines paraissent quasi dans leur état actuel, à de rares exceptions : sont encore debout quelques murs du réfectoire et du dortoir, la travée sud-est du cloître, le collatéral sud et une partie du sanctuaire de Notre-Dame.

1.2.2. Le sort des pierres (fig. 4)

Les pierres arrachées à leurs monuments connurent quatre destinations différentes :

– un ensevelissement *in situ*, dans d'énormes couches de démolition dont témoignent encore les reliefs au nord de Notre-Dame et au sud du cloître, et dans des constructions souterraines alors inutiles (caves du dortoir et puits) ;

– des collections des antiquaires, surtout britanniques, qui visitent les ruines. En 1820-1821, l'ambassadeur d'Angleterre fit arracher des murs de nombreux éléments sculptés pour les remployer dans son château de Highcliff : les symboles des Évangélistes dans la nef de Notre-Dame, les culots historiés et les sièges liturgiques gothiques de Saint-Pierre, la dernière travée conservée du cloître, la grande arcade romane du porche de l'hôtellerie[16] ;

– un ensevelissement dans d'importants remblais dans le village, principalement sur les bords de la Seine pour protéger des inondations les habitats et les cultures ;

– des remplois dans les constructions des villageois. Une juste comparaison du bâti localisé sur le cadastre de 1828 et du bâti actuel permet d'aiguiller les recherches vers d'éventuelles constructions contemporaines de la carrière de pierres.

L'exploitation de cette carrière au début du XIXe siècle peut être décrite de la sorte : le propriétaire invite les villageois à le débarrasser des décombres ; Ces derniers sont évacués progressivement selon le temps et les moyens dont disposent les autochtones ; certains murs encore

13. DESHAYES 2008, p. 567.
14. MANOURY 1996.
15. NOËL DE LA MORINIÈRE 1795.
16. REMNANT 1955.

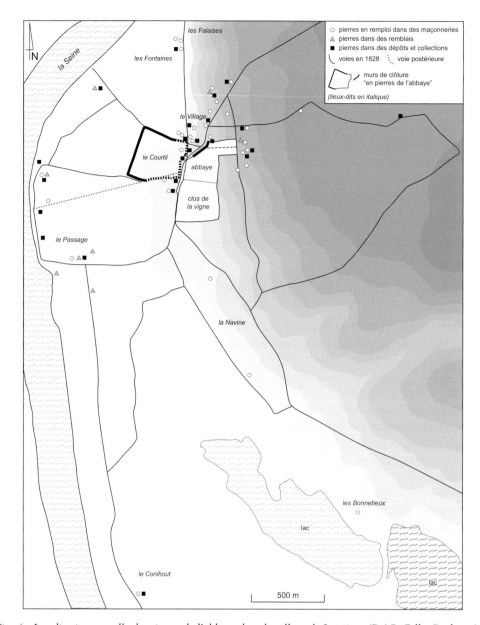

Fig. 4 : Localisation actuelle des pierres de l'abbaye dans le village de Jumièges (DAO Gilles Deshayes).

debout sont éventrés pour accéder directement aux tas de pierres (mur est de l'hôtellerie, mur nord du chœur de Notre-Dame) ; l'essentiel des pierres de l'abbaye est jeté en remblais ou remployé à Jumièges et dans son hameau de la rive gauche, Heurteauville. Plus loin, d'autres pierres moulurées peuvent être confondues avec des éléments d'autres édifices également démolis. Enfin, la plupart des pierres identifiées dans le village proviennent du chœur de Notre-Dame. La multiplication des découvertes de pierres du cloître appuie toujours plus l'hypothèse d'une dispersion locale et non d'un pillage d'antiquaires d'outre-Manche.

1.2.3. Les dernières démolitions (1824-1909)

Les destructions ralentissent fortement après 1819. Lefort décède en 1824. L'année suivante, Casimir Caumont[17], son gendre, érudit et romantique, ne démonte plus que ce qui menace de s'écrouler : les flèches des tours de Notre-Dame (1828 et vers 1837-1842), le collatéral et la tribune sud de Notre-Dame (avant 1831), les ruines du sanctuaire (avant 1834). Il meurt en 1852. Un an plus

---

17. EUDE 1955.

tard, le site passe dans les mains de la famille Lepel Cointet qui fait consolider et partiellement restaurer les ruines jusqu'en 1946. On ne compte plus que de rares chutes remarquables : un pan de mur de la tour-lanterne (1862), la voûte de la chapelle Saint-Martin (avant 1900) et celle d'une chapelle du chœur de Notre-Dame (avant 1909). Les successeurs de Lefort ont certainement suivi de près l'évacuation des derniers déblais (sans noter leur destination…) et conservé les éléments les plus notables dans leurs collections lapidaires. Ils ont ponctuellement remployé des pierres de taille et moulurées pour de petites maçonneries.

2. Le dépôt lapidaire de l'abbaye au début du XXIe siècle

Les collections lapidaires, fragmentaires ou non, peuvent être classées en quatre catégories : les sculptures détachées ou attachées à l'architecture (statuaire) ; les éléments architecturaux sculptés, moulurés et chanfreinés ; les pierres de taille ; les cas particuliers (pierres tombales, éléments indéterminés, etc.). Actuellement en dépôt, en remploi ou en remblai, chaque pierre située hors contexte doit intégrer ce corpus. Ces éléments appartiennent à deux ensembles : la collection départementale qui comprend différents dépôts et s'enrichit au gré de nouvelles « extractions » (restaurations de murs, fouilles archéologiques) ; les autres collections, pour l'essentiel privées et locales.

2.1. Constitution de l'actuelle collection départementale (1824-2009)

L'intérêt artistique pour le lapidaire sculpté réapparut dans les années 1810 grâce aux visiteurs anglais (Turner, Cotman, etc.) dont la présence est avérée à partir de 1817[18]. Entre 1823 et 1828, Eustache-Hyacinthe et Espérance Langlois dessinèrent très précisément et fidèlement les ruines pour la Commission départementale des Antiquités de la Seine-Inférieure. Certaines des sculptures alors croquées ne sont plus à Jumièges : un culot du chœur de Notre-Dame figurant un fameux Énervé sur un navire[19] ; la tête et les mains du gisant de l'abbé Simon du Bosc, acquises par la suite par le propriétaire du château de Radepont, collectionneur d'éléments lapidaires médiévaux[20]. D'autres, conservées par Casimir Caumont,

ont constitué la base de l'actuelle collection lapidaire : quelques chapiteaux romans, une clef pendante du cloître, une gargouille, un buste de gisant, etc. Les ruines et leur végétation formaient à l'époque l'écrin d'un musée à ciel ouvert dont il ne reste aujourd'hui que peu de « fausses ruines ». En 1828, l'évacuation des décombres de Saint-Pierre provoque la découverte des débris du gisant des Énervés et la première fouille connue sur le site, aux fins d'exhumer les restes des deux personnages[21]. Dès lors, à l'invitation du propriétaire, les érudits normands, dont Achille Deville, l'abbé Cochet et Jules Jollivet, s'attachent à dégager le sanctuaire de Notre-Dame et les tombes des abbés dispersés dans les églises et la salle du chapitre.

À la mort de Casimir Caumont, les églises sont déjà vidées de leurs buttes de débris gothiques et de leurs riches sépultures. Les nouvelles découvertes sont ponctuelles tel un lot de statuaires trouvé dans Notre-Dame[22] par Aimé Lepel-Cointet, qui poursuit l'enrichissement de sa collection lapidaire jumiégeoise dans les ruines, dans le village et dans les salons parisiens. La porterie et son logis néogothique accolé s'apparentent alors à un cabinet de curiosités où le dépôt lapidaire est désormais protégé et exposé.

Des années 1890 à 1946, sa descendance accorde à Roger Martin du Gard (1905) et Georges Lanfry (1927) la possibilité d'effectuer des sondages très limités pour répondre à leur soif de retrouver le chœur roman de Notre-Dame[23]. La collection lapidaire ne se complète que très peu, les efforts de la famille se concentrant sur les travaux de préservation et l'aménagement d'un deuxième musée dans le logis néogothique. L'État acquiert l'abbaye en 1946. Jusqu'à sa mort (1969), Georges Lanfry consolide les ruines et décaisse plusieurs secteurs (salle du trésor, réfectoire, celliers), ce qui l'amène à de nouvelles découvertes archéologiques dont les fragments gothiques flamboyants du tombeau de Simon du Bosc. 1954 est marquée par le congrès du XIIIe Centenaire, qui rassemble les travaux érudits de dizaines d'historiens et archéologues, et par l'inauguration du troisième musée lapidaire, aménagé par Jean Taralon dans le logis abbatial (fig. 5)[24]. Ce dernier est incendié en 1974. Quelques événements égayent les trente dernières années du monument d'État : le prêt de pièces

---

18. Cᴏᴛᴍᴀɴ et Lᴏᴜɪsʏ 1881 ; Nᴏᴅɪᴇʀ, Tᴀʏʟᴏʀ et Cᴀɪʟʟᴇᴜx 1820.

19. Ce culot avait été localisé par dom Adrien Langlois, prieur de Jumièges dans les années 1620 *(Brief recueil…)*.

20. Tʀᴇᴍʙʟᴏᴛ ᴅᴇ ʟᴀ Cʀᴏɪx 1961.

21. Dᴇsʜᴀʏᴇs 1829 ; Lᴀɴɢʟᴏɪs et Dᴇᴠɪʟʟᴇ 1838.

22. Aᴄʜᴀʀᴅ ᴅᴇ Bᴏɴᴠᴏᴜʟᴏɪʀ 1955.

23. Mᴀʀᴛɪɴ ᴅᴜ Gᴀʀᴅ 1909 ; Lᴀɴꜰʀʏ 1928.

24. Jᴜʟʟɪᴇɴ et Tᴀʀᴀʟᴏɴ 1955.

Fig. 5 : Quelques éléments sculptés de l'ancien musée Taralon (collection départementale) :
statue de saint Jacques, clef pendante du cloître et fragment de gargouille (dessinés par Langlois dans les années 1820),
culot à feuilles de choux, borne territoriale (cl. Gilles Deshayes).

Fig. 6 : Fragment de chancel carolingien en pierre de Caen altéré
par un incendie attribuable aux Vikings, collection départementale (cl. Gilles Deshayes).

remarquables pour des expositions majeures[25], la restitution d'un lot de fragments de pierres sculptées – dont un fragment de chancel carolingien (fig. 6) – que Georges Berdoll, ancien guide, avait sauvé de la décharge lors des travaux anciens dans les ruines, la découverte en 2001 d'un lot de remplage gothique de Notre-Dame lors des travaux de mise en lumière du site[26].

Le 1er janvier 2007, l'abbaye et sa collection lapidaire deviennent propriétés de la Seine-Maritime. Cette collection départementale se complète au gré des travaux : restauration de Notre-Dame et du mur d'enceinte ; entretien du parc ; sondages archéologiques (niveaux stratifiés dans la maison nord et le réfectoire). Le quatrième musée sera un centre d'interprétation du patrimoine, dynamique et pédagogique, et le département souhaite vivement travailler en partenariat avec les chercheurs. Pour l'heure, sa collection se répartit en quatre ensembles inégaux : l'ancien musée lapidaire (statuaire, gargouilles, culots et chapiteaux historiés, clefs de voûte, pierres tombales) ; un dépôt d'éléments remarquables carolingiens et gothiques au Musée départemental des Antiquités (Rouen) ; quelques dépôts abrités ou à ciel ouvert sur le site ; d'innombrables pierres en contexte archéologique dans les ruines (remplois et remblais).

2.2. Les autres pierres issues de l'abbaye (fig. 4)

Les autres collections sont pour la plupart jumiégeoises et privées, suivant trois affectations.

Le premier usage trouvé aux décombres fut sa translation jusqu'aux bords de Seine afin de les surélever et de parer aux débordements du fleuve. Une grande partie du village, habitée et cultivée, se situe à une altitude NGF inférieure à 5 m et se trouve donc en proie à de perpétuelles inondations à l'époque moderne. La masse de débris de démolition qu'il fallait évacuer de la propriété de Lefort avait de multiples atouts : son prix modique ou inexistant, son caractère meuble, sa proximité et son important volume qui offrait la possibilité de gagner sur les terrains inondables une surface exploitable.

Le deuxième usage fut le remploi des pierres dans les maçonneries des maisons, bâtiments agricoles et murs de clôture. À faible coût et pendant quelques années, les villageois profitèrent de la possibilité de construire, de rééédifier – notamment le bourg incendié en 1808 –,

25. *Jumièges, vie et survie…*, 1954 ; GABORIT 2005 (a et b) ; BARON 2008.
26. Suivi de chantier par Vincenzo Mutarelli (INRAP).

Fig. 7 : Chapiteau couronnant un pilier de barrière, rue du Quesney à Jumièges, sans doute issu du sanctuaire de Notre-Dame (cl. Gilles Deshayes).

d'aménager et de réparer, mais aussi de se permettre une « pétrification » des constructions traditionnelles en matériaux périssables (pans de bois, haies et clôtures, ponts au-dessus des fossés, etc.). Deux ensembles, impressionnants et potentiellement riches en données, sont la ferme Foubert, à l'est du logis abbatial, et la clôture de l'ancien courtil, à l'ouest et en contrebas du bourg. Cette enceinte fut en grande partie refaite sur plusieurs centaines de mètres avec des milliers de pierres, souvent moulurées, issues de l'abbaye.

Le dernier usage local ne se fit que dans un second temps : le démantèlement des deux premiers usages (remblais et maçonneries) remit au jour des éléments sculptés et moulurés que les habitants finirent par conserver pieusement pour décorer leurs jardins et leurs intérieurs (fig. 7).

Ce corpus d'éléments lapidaires extra-muros, disparate, ne cesse d'augmenter. En 1999, de nombreuses pierres extraites de murs de la ferme Foubert furent sauvées de la décharge. En 2006, l'enfouissement de réseaux le long des fondations du mur d'enceinte de l'abbaye révéla le remploi d'éléments moulurés dans ses fondations. Le suivi de démolitions de petits bâtiments agricoles complète les découvertes, tout comme la prospection pédestre (fig. 8), surtout à l'emplacement de bâtiments disparus mais présents sur le cadastre de 1828.

Le bilan de cette recherche est qualitatif, quantitatif et méthodologique. Les éléments lapidaires sont variés, abondants, et l'étude de l'abbaye et du village à l'époque contemporaine fournit les indices utiles à la découverte de

Fig. 8 : Fragment de chapiteau roman sans doute issu de l'église Notre-Dame, collection particulière (cl. Gilles Deshayes).

Fig. 9 : Détail de la face inférieure d'une base double moulurée (voir fig. 15) avec brettelure et signes lapidaires (épures et marque de tâcheron) (cl. Gilles Deshayes).

milliers de pierres. La collection départementale et les autres collections forment un inestimable ensemble complémentaire qui apporte les données utiles à la connaissance des chantiers de construction et de chacun des édifices disparus ou partiellement conservés.

Cependant, si la collection départementale semble ne contenir que des éléments issus de l'abbaye, les autres comptent un risque d'intrusion d'éléments externes. Il existait en effet dans le village médiéval une aumônerie, une buanderie, peut-être quelques petits manoirs ; le chœur roman de l'église paroissiale fut démonté au XVIe siècle pour laisser place à un style différent, etc. Le nombre de bâtiments desquels peuvent être issus les éléments lapidaires de Jumièges doit donc être augmenté des autres constructions du village, même si une bonne enquête doit permettre de trancher.

3. Les apports de l'étude : la connaissance des chantiers et des architectures

Selon les cas, chaque pierre peut être appréhendée par la nature de la roche, par les traces des outils de taille, par les signes lapidaires, par les entailles d'accroche, par la forme liée à sa fonction et par son style décoratif (fig. 9). L'étude de chacune de ces caractéristiques, dans les ruines et sur chaque pierre isolée, peut aboutir à une typochronologie et fournir matière à identifier et dater les éléments lapidaires de Jumièges. L'étude pluridisciplinaire aboutit à une confrontation des fourchettes chronologiques et, au mieux, à un resserrement de la datation finale de l'élément considéré. Une collection lapidaire solidement datée devient un élément de comparaison typochronologique, utile pour poursuivre la reconnaissance des pierres de l'abbaye et enrichir les comparaisons régionales ou plus étendues.

Les typochronologies peuvent permettre de proposer un *terminus post quem* à une maçonnerie contenant des pierres en remploi et datées par leurs propres caractéristiques, inversement de proposer un *terminus ante quem* à une pierre en remploi dans une maçonnerie datée par ses propres particularités.

3.1. Les carrières de pierre approvisionnant les chantiers

Cinq calcaires ont été utilisés pour construire l'abbaye :
– le tuf, extrait mou en fond de vallée (notamment autour de Bolbec), durcit à l'air libre et reste très léger. Il fut utilisé pour reconstruire Saint-Pierre vers 800[27] et dans les voûtes romanes de Notre-Dame. Ses carrières sont quasi épuisées dans le courant du XIIe siècle ;
– la pierre de Caen, jaunâtre, possède un grain fin, résistant et sans inclusion. Il semble qu'elle n'ait été utilisée que pour orner Saint-Pierre d'éléments sculptés carolingiens (chapiteaux, claveaux feints, chancel)[28] et se reconnaît à sa teinte superficielle rose sans doute attribuable à l'incendie scandinave de 841 ;
– la pierre dite de Caumont, du nom de son principal lieu d'extraction, est blanche, dure, poreuse et envahie de très durs silex noirs. Aux époques carolingienne et moderne, elle est choisie pour le gros œuvre et exclue de la sculpture. De tout temps, chaque édifice est presque entièrement construit avec cette pierre dont le coût est fortement réduit par la proximité des carrières et les exemptions de

27. Les pierres carolingiennes furent remployées dans la même église au XIVe siècle.
28. LE MAHO 1991 et 2002.

péages. De plus, l'abbaye possède ses propres carrières à Heurteauville et Duclair[29] :
– la pierre de Vernon est très proche mais plus pure, ce qui lui vaut une place privilégiée pour la sculpture (cloître). Elle remplace sa rivale de basse Seine dans les restaurations contemporaines ;
– la pierre de Saint-Leu d'Esserent, dite de l'Oise, jaunâtre, possède un grain très fin, tendre et bardé de petits fossiles. Son usage n'est connu que pour les travaux du réfectoire et du dortoir à l'époque moderne.

Le choix des pierres témoigne des politiques d'approvisionnements : le haut Moyen Âge et l'époque moderne recourent à des carrières lointaines ; les époques romanes et gothiques se recentrent sur la basse vallée de la Seine ; plus local encore, le silex est taillé et orne les parements mixtes à partir du XIVe siècle.

Fig. 10 : Fragment de pierre tombale en remploi dans un mur du logis néogothique, datée du second Moyen Âge par l'emploi du marteau taillant brettelé (cl. Gilles Deshayes).

3.2. Les techniques et outils de taille de la pierre calcaire

Toutes ces pierres – sauf le tuf – possèdent un grain suffisamment fin et tendre pour conserver l'empreinte des outils de taille (fig. 10). Ceux-ci varient suivant les époques et les éléments sculptés[30]. Trois traces d'outils prédominent :
– le layage apparaît sous forme de méplats disposés en séries parallèles ou en éventail, créés par l'utilisation du marteau taillant droit ou du ciseau, en fonction des surfaces à traiter ;
– la brettelure se caractérise par des séries de tirets assombrissant un peu les faces, empreintes des dents du marteau taillant bretté (ou bretture) ou de la gradine. De quelques millimètres, la largeur des dents et de leurs écarts, de même que la longueur des impacts varient beaucoup suivant les surfaces traitées (supports, faces visibles, planes, moulurées ou sculptées) et s'affinent avec le temps ;
– très proches et surtout à la surface des sculptures les plus fines (à partir du XIVe siècle), les traces de ripe ne sont pas celles d'un impact mais d'une griffure (à dents plates).

Chronologiquement, le layage domine l'époque romane, la brettelure l'époque gothique mais leur usage se prolonge au-delà de leurs siècles de prédilection. Une étude des outils employés sur un même site pendant plusieurs siècles permet d'établir une typochronologie de ces usages en fonction du lapidaire taillé et de ses différentes surfaces.

3.3. Les signes lapidaires

Les signes lapidaires sont des tracés gravés ou incisés par les tailleurs de pierre ou les appareilleurs au cours des chantiers. Ils sont apposés avant la pose de la pierre (à la carrière, dans les loges des tailleurs, sur le chantier) ou une fois la pierre posée (aménagements postérieurs au premier chantier). Ils sont identitaires (signature du tailleur) ou utilitaires (position, ordre, alignements, niveau, etc.). L'atout des collections lapidaires hors contexte est de révéler des signes souvent dissimulés dans les maçonneries.

La collection de Jumièges est pour partie marquée de sept types de signes :
– des épures, tracés linéaires ou circulaires, incisées par les artisans pour guider leur travail (fig. 9 et 13). Certaines servent d'axes de symétrie sur les faces de support pour caler les môles et reproduire les mêmes profils en de nombreux exemplaires (fûts, meneaux, remplages, claveaux, pilastres, etc.) ;
– des lignes de guidage gravées sur les pierres de parement déjà posées, visibles sur les élévations romanes et gothiques de Notre-Dame et utilisées pour aligner certains blocs ou tracer la découpe de boulins dans l'angle inférieur des pierres[31] ;
– des profils d'ajustement gravés sur les faces des bases et chapiteaux gothiques pour aligner parfaitement les fûts de colonnettes ;
– des signes d'orientation comme les croix gravées sur les éléments de remplage des baies gothiques, côté intérieur de l'église ;

---

29. AD Seine-Maritime, fonds 9 H (archives de l'abbaye).
30. Bessac 1993 ; Timbert 2000.

31. Kerr et Morganstern 2005.

*Fig. 11 : Clef de voûte à six ogives peut-être issue de la chapelle axiale
de l'église Notre-Dame, collection particulière (cl. Gilles Deshayes).*

– de probables marques d'assemblage telles les croix incisées sur les faces de support des claveaux et clefs de voûtes des croisées d'ogives de Notre-Dame (fig. 11) ;
– des chiffres romains dont une partie servaient à classer les pierres des voûtes suivant leur hauteur, facilitant leur manipulation et leur mise en œuvre (cave à cellules du réfectoire). À Jumièges, ces signes s'observent sur des maçonneries du XIVᵉ siècle (tribune nord de Notre-Dame, collatéral nord de Saint-Pierre) ;
– de rares marques identitaires, souvent géométriques, incisées sur les faces de pose de quelques pierres gothiques flamboyantes (fig. 13 *infra*). Il s'agit probablement d'une signature destinée à la rétribution du tâcheron.

3.4. Les systèmes de levage et d'accroche

Les systèmes de levage et d'accroche ne sont visibles que sur des ruines et sur les pierres détachées de leurs édifices. Les faces de pose de certains claveaux gothiques sont entaillées de sillons ramifiés (abreuvoirs) pour que le mortier solidarise deux pièces jointives (cet usage est visible pour les deux églises et le cloître). Certaines pierres alignées ou suspendues dans le vide étaient liées entre elles par des pièces métalliques : goujons (remplage gothique de Notre-Dame) ou agrafes (claveaux flamboyants peut-être issus du jubé). De tradition antique, les trous de louve n'ont été creusés que sur des éléments volumineux flamboyants et doriques, composant des baies, des voûtes et des colonnes (cloître, peut-être jubé).

3.5. La typologie fonctionnelle et stylistique

Les pierres étudiées sont surtout des éléments moulurés et/ou sculptés, uniques ou fabriqués en série. Leurs formes et leurs dimensions permettent de leur attribuer une fonction et une position dans un monument (fig. 12). Leurs décors leur assurent une fourchette chronologique stylistique (fig. 13), fondée sur la comparaison avec des grands sites considérés comme bien datés[32]. Quelques bémols peuvent être formulés concernant la facilité apparente de dater par le style : des datations trop précises fondées sur l'impression d'une évolution homogène, continue et régulière ; des comparaisons trop peu fournies qui ont faussé la datation des chapiteaux carolingiens de

---

32. Lefèvre-Pontalis 1909.

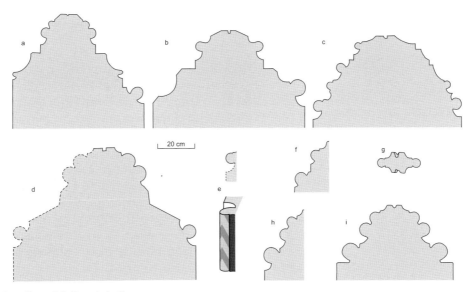

Profil de baies gothiques de l'abbaye de Jumièges :
a. Baies des chapelles rayonnantes de l'église Notre-Dame ; b. Baies du collatéral nord et du choeur de l'église Saint-Pierre ; c. Baies de la chapelle St-Martin et de la galerie de liaison des églises ; d. Baie disparue du mur ouest du réfectoire (relevé G. Lanfry) ; e. Proposition de restitution d'une moulure peinte de lie-de-vin et d'un chevronné rouge et jaune, d'après les fragments trouvés dans un remblai de démolition jeté dans le réfectoire au début du XVIe siècle (sondages Deshayes 2007), fragment probable d'un encadrement du réfectoire (porte ou baie) ; f. Baie de la salle haute de la maison nord.

Profil de baies gothiques de sites voisins de Jumièges :
g. Manoir du Mesnil-sous-Jumièges (baie de la chapelle) ; h. Eglise paroissiale de St-Wandrille-Rançon (baie est de la nef nord) ; i. Eglise abbatiale de St-Wandrille-Rançon (baies du transept nord).

Fig. 12 : Modénature des baies des XIIIe et XIVe siècles (DAO Gilles Deshayes).

Saint-Pierre ; des grands chantiers réalisés sur une très longue période en conservant ou modifiant les décors d'origine[33] ; des créations ou restaurations néoromanes et néogothiques. Datée ou non, la stéréotomie et la modénature gothiques permettent au mieux d'identifier la fonction d'une pierre (base, culot, etc.) et son contexte architectural (porte, baie, frise, etc.), au mieux de retrouver son monument ou de proposer un rapprochement avec une construction connue. L'étude de son style décoratif peut lui fournir un *terminus post quem*.

La majorité des éléments lapidaires peuvent être classés suivant la typologie suivante : bases, fûts et tambours de colonnes, chapiteaux, tailloirs, claveaux, clefs de voûte, meneaux, remplages, modillons, culots, corbeaux, entablements. S'y ajoutent les pierres tombales qui, si elles sont parfaitement contemporaines de la mort du personnage, fournissent de précieux repères chronologiques sur les outils de taille (traces sur les faces latérales et inférieures) et sur la partie de l'édifice dans laquelle elle se trouvait (sauf translation)[34].

3.6. Le phasage des constructions d'un même édifice

L'étude de la modénature est un outil de l'archéologie du bâti. Un des atouts de Jumièges réside dans la complémentarité des pierres en place et de leurs semblables en dépôt, observables sous tous les angles. L'analyse simultanée des moulures et de l'architecture d'un édifice peut permettre d'établir un phasage de la construction de ses différentes élévations.

L'église Saint-Pierre (fig. 3) conserve les vestiges de sa reconstruction carolingienne, perturbés au sud par quatre arcades gothiques datables du XIIIe siècle[35], pour le reste par d'importants remaniements stylistiquement attribuables au XIVe siècle[36]. Il y fut installé un Collège apostolique réalisé dans le deuxième quart du même siècle[37]. Historiquement, constatant que « la voute du chœur tomboit en ruine et [que] les fenêtres étoient presque toutes sans aucun panneau de vitres[38] », l'abbé

---

33. Le collatéral nord de l'abbatiale de Saint-Wandrille-Rançon fut ainsi construit d'est en ouest du XIVe au XVe siècle.

34. COCHET 1863 ; GUÉROULT 1864-1874.

---

35. Cette datation est fournie par comparaison avec des bases étudiées à Saint-Wandrille-Rançon, Moulineaux, Radepont, Lisors, Gisors et Brionne.

36. BOTTINEAU-FUCHS 2001.

37. BARON 2008.

38. DUBUSC 1762, t. II, p. 67.

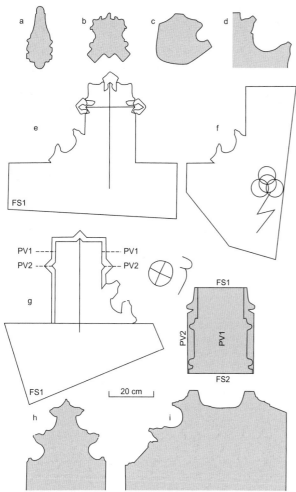

a. Meneau droit (coll. départ.) ; b. Elément indéterminé droit (coll. départ.) ;
c. Elément de remplage, droit (coll. départ. et partic.) ; d. Elément d'encadrement ou
de corniche dont la gorge est décorée de quatre feuilles d'aubépine concentriques
(coll. partic.) ; e. Elément de pilastre avec épures sur la face de support FS2 (coll.
partic.) ; f. Elément d'encadrement avec signes lapidaires sur une face de support
(coll. part.) ; g. Elément de pilastre avec signes lapidaires sur FS2, profils horizontaux
et verticaux (coll. partic.) ; h. Claveau d'arc doubleau (?) (coll. partic.) ; i. Elément de
piédroit (Coll. départ.)

*Fig. 13 : Modénature du lapidaire gothique flamboyant
d'origine incertaine (DAO Gilles Deshayes).*

Guillaume le Jeune débuta en 1333 des travaux qui ne
durèrent que 18 mois ; à sa mort en 1349, il y fut enterré
sous un gisant dans la deuxième travée du chœur, côté
sud[39].

La confrontation des textes, de l'architecture, des
modénatures (fig. 14) permet désormais de proposer un
phasage cohérent de la reconstruction de l'église au
XIVe siècle, en deux grands chantiers :

---

39. DUBUSC 1762, t. II, p. 92 ; dessin de la collection Gaignières
(BOUCHOT 1891).

– un premier chantier sans voûte : la reconstruction du
niveau supérieur des murs gouttereaux et pignons de la
nef, constitués de baies neuves de même modénature et
de remplois non retaillés, sans doute suivie de la mise en
place d'une nouvelle charpente et d'une nouvelle toiture.
Ce chantier ne nécessita qu'un approvisionnement très
limité en pierres neuves et fut probablement court. Ses
caractéristiques peuvent le rattacher aux travaux de 1333-
1335 ;
– un second chantier, sans doute en deux temps, avec la
mise en œuvre des voûtes et les reprises en sous-œuvre des
mur nord et pignon est de la nef : dans un premier temps
la construction du collatéral nord ; dans un second temps,
avec les mêmes sièges liturgiques[40], des moulures
identiques ou différentes, l'édification du chœur puis de
la chapelle Saint-Martin et enfin du passage entre les
églises. Ce chantier fut peut-être commencé avant 1349,
mais assurément achevé après car il s'adapte à la tombe de
Guillaume le Jeune et la clef de voûte de la chapelle,
figurant saint Philibert, s'assimile à celles du donjon de
Vincennes (années 1360). L'éventuel temps d'arrêt du
second chantier pourrait être la mort de l'abbé (1349) ou
l'occupation des soldats navarrais (1358).

4. Les apports de l'étude : la restitution des éléments disparus

Les édifices et leurs pierres arrachées ont connu des sorts
différents. Les éléments dispersés ont parfois conservé des
vestiges de peintures. Il reste quelquefois la seule relique
d'un édifice ou d'une architecture disparus.

4.1. La restitution des décors peints

Privés de leurs toitures avant 1800, les monuments ont été
victimes de la pluie, du gel, du vent, de la faune et de la
flore locales. Seuls quelques *intrados* et voûtains,
parements et chapiteaux, de multiples encoignures ont
conservé des restes de décors peints. La restitution des
couleurs et motifs disparus est en partie rendue possible
grâce aux descriptions anciennes du cloître et celles
méticuleuses des Langlois, heureusement complétées par
une poignée de pierres découvertes en remploi dans des
maçonneries en place ou en démolition, et dans un
remblai de démolition du réfectoire. Elles ont confirmé la
couleur rouge des colonnettes romanes de la nef de

---

40. SOREL 2004.

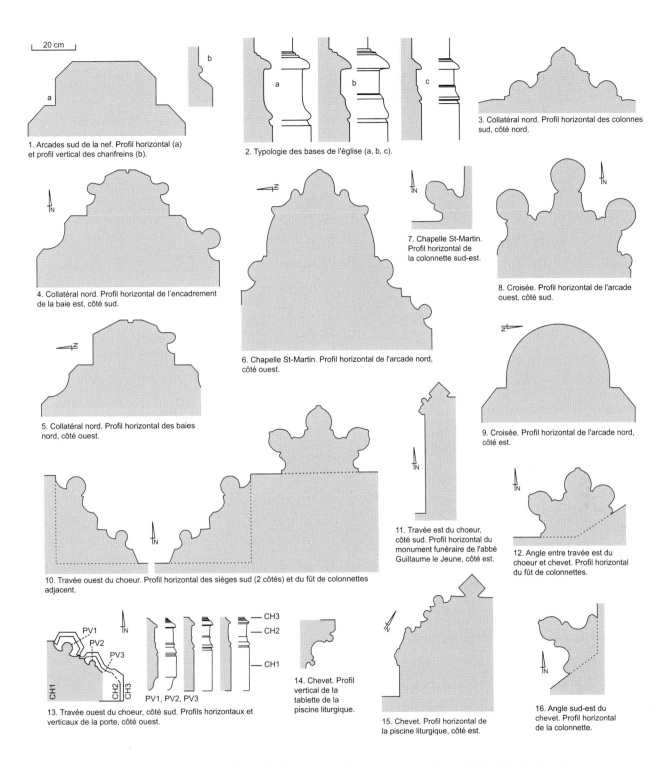

20 cm

1. Arcades sud de la nef. Profil horizontal (a) et profil vertical des chanfreins (b).

2. Typologie des bases de l'église (a, b, c).

3. Collatéral nord. Profil horizontal des colonnes sud, côté nord.

4. Collatéral nord. Profil horizontal de l'encadrement de la baie est, côté sud.

7. Chapelle St-Martin. Profil horizontal de la colonnette sud-est.

8. Croisée. Profil horizontal de l'arcade ouest, côté sud.

6. Chapelle St-Martin. Profil horizontal de l'arcade nord, côté ouest.

5. Collatéral nord. Profil horizontal des baies nord, côté ouest.

9. Croisée. Profil horizontal de l'arcade nord, côté est.

11. Travée est du choeur, côté sud. Profil horizontal du monument funéraire de l'abbé Guillaume le Jeune, côté est.

12. Angle entre travée est du choeur et chevet. Profil horizontal du fût de colonnettes.

10. Travée ouest du choeur. Profil horizontal des sièges sud (2 côtés) et du fût de colonnettes adjacent.

PV1
PV2
PV3

CH3
CH2
CH1

CH1
CH2
CH3

PV1, PV2, PV3

13. Travée ouest du choeur, côté sud. Profils horizontaux et verticaux de la porte, côté ouest.

14. Chevet. Profil vertical de la tablette de la piscine liturgique.

15. Chevet. Profil horizontal de la piscine liturgique, côté est.

16. Angle sud-est du chevet. Profil horizontal de la colonnette.

Fig. 14 : Modénature gothique de l'église Saint-Pierre, XIIIᵉ et XIVᵉ siècles (DAO Gilles Deshayes).

Fig. 15 : Fragment de chapiteau polychrome à feuillages verts sur fond de colonnettes rouges, soulignés de noir et bordés d'un bandeau jaune, issu du chœur de l'église Notre-Dame, collection particulière (cl. Gilles Deshayes).

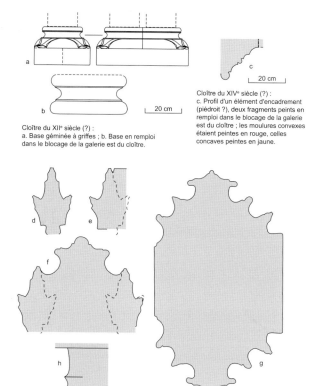

Cloître du XIIᵉ siècle (?) :
a. Base géminée à griffes ; b. Base en remploi dans le blocage de la galerie est du cloître.

Cloître du XIVᵉ siècle (?) :
c. Profil d'un élément d'encadrement (piédroit ?), deux fragments peints en remploi dans le blocage de la galerie est du cloître ; les moulures convexes étaient peintes en rouge, celles concaves peintes en jaune.

Cloître du XVIᵉ siècle :
d. Profil des ogives des croisées (claveau et clefs-de voûte, coll. départ.) ; e. Profil des arcs formerets de la galerie ouest (claveau en place dans la première travée nord) ; f. Profil des arcs doubleaux des galeries (claveau en dépôt, coll. départ.) ; g. Profil des piédroits doubles qui séparaient les baies ouvertes sur la cour (pierre en dépôt, coll. partic.) ; h. Profil vertical des clefs-de-voûte (pierre en dépôt, coll. partic.)

Fig. 16 : Modénature des cloîtres successifs, XIIᵉ, XIVᵉ et XVIᵉ siècles (DAO Gilles Deshayes).

Notre-Dame, révélé que les chapiteaux à feuillages du chœur gothique étaient rouges, verts, jaunes et noirs (fig. 15), et laissé entrevoir que le réfectoire possédait encore au début du XVIᵉ siècle des moulures peintes de chevrons rouges et jaunes (fig. 12). De telles observations impliquent un suivi rigoureux des travaux sur des maçonneries anciennes de l'abbaye et du village, et des terrassements et fouilles archéologiques.

4.2. La restitution d'édifices connus ou d'architectures disparues

Certains monuments peuvent être restitués par l'association des textes, de l'iconographie moderne et de leur lapidaire.

Un arc formeret est tout ce qui subsiste du cloître de 1530 construit par l'abbé François de Fontenai en style flamboyant et Renaissance (fig. 16). Deux vues isométriques, deux plans monastiques, une gravure et un plan de 1819-1820 ont permis à Georges Lanfry de le restituer[41]. Sa documentation se complète ponctuellement de quelques pierres localisées sur le site et dans le village (fig. 17). Il possédait notamment deux types de clefs de voûte, à clefs pendantes ou à armoiries[42].

Le cloître précédent, historiquement reconstruit par Guillaume le Jeune (1330-1349), est localement documenté par le blocage du dernier cloître qui contient un chapiteau gothique, deux fragments d'une même moulure peinte, une pierre de taille marquée d'un probable chiffre romain et des fragments de tuile plate.

Cette maçonnerie conserve aussi une base romane. La collection lapidaire possède un lot cohérent de la seconde moitié du XIIᵉ siècle : deux bases doubles identiques (fig. 18) anciennement remployées dans des maçonneries (restes de mortier) ; une autre base (fig. 19), multiple, décorée d'un animal fantastique ; deux colonnettes jumelées. La comparaison avec les cloîtres du XIIᵉ siècle du sud de la France[43]

---

41. LANFRY 1955.

---

42. La même dualité s'observe dans les collatéraux de l'église Saint-Vigor de Pont-de-l'Arche (1511-1529).

43. Cathédrales d'Aix-en-Provence, Arles, Elne, Saint-Bertrand-de-Comminges, Saint-Lizier ; abbaye de Fontfroide à Narbonne.

Fig. 17 : Fragment de clef de voûte du cloître décoré d'un ange, en remploi dans le mur d'une maison de la rue des Fontaines, à Jumièges (cl. Gilles Deshayes).

Fig. 18 : Bases doubles peut-être issues d'un cloître du XIIᵉ siècle, collection départementale (cl. Gilles Deshayes).

appuie l'hypothèse d'un cloître de cette époque à Jumièges, construit dans la continuité de Notre-Dame au nord, de la salle du chapitre à l'est et de l'hôtellerie à l'ouest. La logique induirait la construction d'un réfectoire au sud du cloître au cours du même siècle.

Dernier édifice documenté par les textes, les plans modernes et un maigre vestige[44], le jubé gothique flamboyant de Notre-Dame fut construit entre 1488 et 1499 suivant la volonté du cellérier dom Renault Buquet.

L'arrivée très précoce de la Renaissance en Normandie par les frères d'Amboise dont l'un, Jacques, fut abbé commendataire de Jumièges (1474-1505), n'interdit pas que, comme le cloître, le jubé ait été une construction mixte. Appuyant cette hypothèse, la découverte à Jumièges d'un lot de gros éléments sculptés, flamboyants et doriques, qui semblent exclus du cloître, conjugués à quelques chapiteaux doriques des collections départementales, peut servir de base à la restitution du jubé, ou d'une autre construction inconnue de l'abbaye.

Le lapidaire dispersé permet enfin de restituer des architectures dépourvues de toute documentation. Toutes les données que peuvent fournir les pierres moulurées

---

44. Il s'agit d'une moulure flamboyante ancrée dans une colonne de Notre-Dame.

Fig. 19 : Base multiple ornée d'un animal fantastique peut-être issue d'un cloître du XIIe siècle, collection départementale (cl. Gilles Deshayes).

nourrissent la documentation de portes, baies, arcs et voûtes sans qu'il soit actuellement possible de les associer à un édifice méconnu (le logis royal), supposé (le réfectoire roman) ou inconnu.

Conclusion : le début d'un grand projet

L'époque contemporaine débuta à Jumièges par une courte et violente démolition d'une grande partie de l'abbaye, une lente période de déblaiement et de collecte, une série de fouilles, plus d'un siècle de consolidation et de mise à l'abri progressive du lapidaire à ciel ouvert. L'actuelle collection départementale n'a que très peu évolué depuis le XIXe siècle.

Pour la recherche, l'abbaye de Jumièges est une ruine archéologiquement exploitable et un véritable puzzle de milliers de pierres détachées de leurs constructions d'origine. Leur inventaire ne cesse d'augmenter. Le potentiel de connaissances sur les techniques de construction et sur les architectures disparues est monumental.

Les typochronologies solidement fondées de chacune des caractéristiques d'une pierre permettent au mieux de l'identifier, de reconstituer un décor, de localiser son emplacement originel dans un édifice et de le dater. En retour, celle-ci devient pour chacune des disciplines de recherche un exemple sur lequel des comparaisons peuvent être établies. À l'image des recherches de l'équipe de James Morganstern sur des édifices en place, il est plus que jamais nécessaire que les disciplines s'accordent à

confronter leurs résultats et nourrissent toujours plus et toujours mieux l'étude des éléments lapidaires hors contexte. Quel que soit l'objet étudié, le recours aux datations les plus variées (radiocarbone, dendrochronologie, céramologie et numismatique en contexte stratigraphique, chronologie relative, etc.) aboutira nécessairement à une approche des édifices et des pierres sérieusement documentée.

Notre recherche est une première étape, un état des lieux et de premières conclusions sur la collection lapidaire de Jumièges. À l'avenir, elle consistera à reprendre et à compléter les données, en intégrant les méthodes de travail actuelles[45]. Un catalogue quasi complet de tous les types de pierres moulurées de Jumièges permettra par exemple d'identifier des fragments conservant des données inédites (signes lapidaires, enduits peints, etc.). Un catalogue régional servira à identifier les pierres de différents dépôts (claveaux, bases, etc.) et à confronter les différents modes de datation (modénature, outils, signes, textes, etc.).

Quels qu'ils soient, les dépôts lapidaires de Jumièges et des autres abbayes de la région ont les mêmes besoins qu'ailleurs : un inventaire complet et détaillé, une centralisation des données, une étude rigoureuse, une préservation engagée ou encouragée, une mise en valeur des éléments intéressant l'histoire de l'art et des techniques. À tout point de vue, la *reconnaissance* des collections lapidaires est en marche.

---

45. TIMBERT et HANQUIEZ (dir.) 2008.

Addenda

À la suite de l'effondrement d'un mur de terrasse dans le bourg de Jumièges, dans une propriété privée, les propriétaires ont engagé en avril 2010 un long terrassement pour permettre sa reconstruction en matériaux contemporains.

Le suivi de ces travaux nous a permis de relever une épaisse stratigraphie archéologique localisant des traces d'occupations du haut Moyen Âge et notamment des remblais de démolition riches en éléments lapidaires carolingiens (fragments de chancel, de colonnettes et de chapiteaux). Ceux-ci feront l'objet d'une étude détaillée et d'une publication.

Bibliographie

ACHARD DE BONVOULOIR S.
1955, « La famille Lepel-Cointet, conservatrice de Jumièges », dans *Jumièges, Congrès Scientifique du XIIIe Centenaire*, t. II, Rouen, p. 579-584.

BARON F.
1981, *Les fastes du gothique. Le siècle de Charles V*, Galeries nationales du Grand Palais, 9 octobre 1981-1er février 1982, Paris, éd. de la Réunion des musées nationaux, notices 12-14 et 48.
2008, « Neuf apôtres », dans ARMINJON C. et BERTHELOT S. (dir.), *Chefs-d'œuvre du Gothique en Normandie. Sculpture et orfèvrerie du XIIIe au XVe siècle*, éd. 5 Continents, p. 148-150.

BAYLÉ M.
1992, *Les origines et les premiers développements de la sculpture romane en Normandie*, Art de Basse-Normandie, n° 100 bis, Caen.

BESSAC J.-C.
1993, *L'outillage traditionnel du tailleur de pierre de l'Antiquité à nos jours*, Paris, éd. CNRS.

BOTTINEAU-FUCHS Y.
2001, *Haute-Normandie gothique. Architecture religieuse*, Paris, éd. Picard, p. 222-229.

BOUCHOT H.
1891, *Inventaire des dessins exécutés pour Roger de Gaignières et conservés au*

département des estampes et des manuscrits, t. I, Paris, Plon, p. 272-276, pl. 2228-2314.

COCHET J.-B.-D.
1863, « Note sur les inscriptions tumulaires de moines de la Congrégation de Saint-Maur autrefois à Jumièges », *Revue de Normandie*, t. II, p. 753-760.

COTMAN J. et LOUISY P.
1881, *Les antiquités monumentales de la Normandie*, Paris, Levy, s.p.

DESHAYES C.-A.
1829, *Histoire de l'abbaye royale de Jumièges*, Rouen.

DESHAYES G.
2001, « Saint-Pierre et Notre-Dame. Histoire architecturale et ornementale des églises de l'abbaye de Jumièges, XIIIe-XXe siècle », mémoire de maîtrise, dir. A.-M. Flambard Héricher, université de Rouen, 2 vol., 224+184 p.
2006, « Les pierres dispersées de l'ancienne abbaye de Jumièges, de l'architecture gothique à l'histoire locale », dans *Les Gémétiques 4, Mélanges historiques sur Jumièges. Des origines aux démantèlements de l'abbaye*, Association des Baronnies de Jumièges et Duclair, p. 25-60.
2008, « Chronique des fouilles médiévales en France en 2007 – Jumièges (Seine-Maritime), Maisons civiles de l'abbaye », *Archéologie médiévale*, 38, p. 213-214.

2008, « Topographie, architecture et utilisations des celliers gothiques de l'abbaye de Jumièges (XIIIe-XVIe siècle) », dans LALOU É., LEPEUPLE B. et ROCH J.-L. (éd.), *Des châteaux et des sources. Archéologie et histoire dans la Normandie médiévale. Mélanges en l'honneur d'Anne-Marie Flambard Héricher*, Publications des universités de Rouen et du Havre, p. 555-574.

DUBUSC dom S.
1762, *Histoire de l'abbaye royale de Saint-Pierre de Jumièges par un religieux bénédictin de la congrégation de Saint-Maur*, LOTH J. (éd.), Rouen, Métérie, 1882-1885.

EUDE R.
1955, « Les possesseurs de Jumièges au XIXe siècle », dans *Jumièges, Congrès Scientifique du XIIIe Centenaire*, t. II, Rouen, p. 569-578.

GABORIT J.-R.
2005a, « Chapiteau adossé à décor de rinceaux », dans GABORIT-CHOPIN D. (dir.), *La France romane au temps des premiers capétiens (987-1152)*, Paris, éd. Hazan/Musée du Louvre, p. 322.
2005b, « Relief : ange dans un médaillon », dans GABORIT-CHOPIN D. (dir.), *La France romane au temps des premiers capétiens (987-1152)*, Paris, éd. Hazan/Musée du Louvre, p. 53.

GUÉROULT E.
1864-1874, « Notice sur quelques pierres tombales de Jumièges »,

Bulletin de la Société des antiquaires de Normandie, 1864, t. III, p. 276-283, 1874, t. VI, p. 75.

JOUEN L.
1926, *Jumièges à travers l'histoire à travers les ruines*, Rouen.

JULLIEN H. et TARALON J.
1955, « Le musée de l'abbaye de Jumièges », *Les Monuments historiques de la France*, n° 1, janvier-mars 1955, p. 39-44.

Jumièges, vie et survie d'une abbaye normande
1954, Rouen, musée des Beaux-Arts, 11 juin-30 août 1954, Rouen, 127 p.

KERR M. et MORGANSTERN J.
2005, « Reconstructing Medieval Design and Building Practices : The Evidence from Notre-Dame at Jumièges », dans *Archaeology in Architecture : Studies in Honor of Cecil L. Striker*, Mayence, éd. Philipp von Zabern, p. 143-154.

LANFRY G.
1928, *Fouilles et découvertes à Jumièges, le déambulatoire de l'église romane*, Paris, Société générale d'imprimerie et d'édition.
1954, *L'abbaye de Jumièges, plans et documents*, Rouen.
1955, « Les bâtiments monastiques de Jumièges : le cloître », dans *Jumièges, Congrès scientifique du XIIIᵉ Centenaire*, t. II, Rouen, Lecerf, p. 499-504.

LANGLOIS A.
s.d., *Brief recueil des antiquitez de l'abbaye de Jumièges* (livre imprimé dont un exemplaire est conservé à la Bibliothèque municipale de Rouen sous la cote Norm. 5786).

LANGLOIS E.-H. et DEVILLE A.
1838, *Essai sur les Énervés de Jumièges et sur quelques décorations singulières des églises de cette abbaye*, Rouen, éd. Édouard Frère.

LARDIN P.
1997, « Les chantiers du bâtiment en Normandie orientale à la fin du Moyen Âge », *Les bâtisseurs au Moyen Âge. Dossiers d'archéologie*, n° 219, déc. 1996-janv. 1997, p. 118-127.

LEFÈVRE-PONTALIS E.
1909, « Étude sur les ogives toriques à filet saillant », *Bulletin monumental*, 73, p. 295-310.

LE MAHO J.
1991, « Note sur l'utilisation de la pierre de Caen dans les églises romanes de la basse vallée de la Seine », *Bulletin de la Commission départementale des antiquités de la Seine Maritime*, t. XXXIX, p. 116-124.

2000, « Les constructions de l'abbaye de Jumièges à l'époque prénormande (VIIᵉ-IXᵉ siècle) : les témoignages des textes et de l'archéologie », *Bulletin de la Commission départementale des antiquités de la Seine-Maritime*, t. XLVIII, p. 121-141.
2002, « Les Normands dans la vallée de la Seine (IXᵉ-Xᵉ siècles) », dans *Les Vikings en France. Dossiers d'archéologie*, n° 277, octobre 2002, p. 26-33.

LE MAHO J. et MORGANSTERN J.
2003, « Jumièges, église Saint-Pierre. Les vestiges préromans », *Congrès archéologique de France, Rouen et pays de Caux*, 161, p. 97-116.

MANOURY N.
1996, « Les bâtiments conventuels de l'abbaye de Jumièges », *Archéologie médiévale*, XXVI, p. 79-107.

MARTIN DU GARD R.
1909, *L'abbaye de Jumièges*, Paris, éd. Montdidier.

MORGANSTERN J.
2003, « Jumièges, église Notre-Dame », *Congrès archéologique de France, Rouen et pays de Caux*, 161, p. 79-96.

NODIER C., TAYLOR I. et CAILLEUX A. DE
1820, *Voyages pittoresques et romantiques dans l'ancienne France*, t. I, Paris, éd. Didot.

NOËL DE LA MORINIÈRE
1795, *Essai sur le département de la Seine-Inférieure*, t. II, Paris, p. 164-172.

REMNANT E.
1955, « La dispersion du cloître de Jumièges », dans *Jumièges, Congrès scientifique du XIIIᵉ Centenaire*, t. II, Rouen, Lecerf, p. 515-526.

SOREL P.
2004, « Sièges en pierre des églises médiévales en Normandie : stalles et sedilia », *Bulletin de la Commission départementale des antiquités de la Seine-Maritime*, t. LII, p. 149-162.

TIMBERT A.
2000, « Usage du marteau taillant bretté à la période gothique », *Architecture médiévale. Dossiers d'Archéologie*, n° 251, mars 2000, p. 76-77.
2003, « Jumièges, salle du chapitre : état de la question et nouvelles observations », *Congrès archéologique de France, Rouen et pays de Caux*, 161, p. 117-123.

TIMBERT A. et HANQUIEZ D. (dir.)
2008, *L'architecture en objet : les dépôts lapidaires de Picardie*, Actes de la Journée d'études à l'université d'Amiens, 22 septembre 2006, Amiens, CAHMER, (collection Histoire médiévale et archéologie, vol. 21), 260 p.

TREMBLOT DE LA CROIX
1961, « Le tombeau de Simon du Bosc à Jumièges », *Bulletin monumental*, 119, p. 43-48.

VERGNOLLE É.
2003, *L'art roman en France : architecture, sculpture, peinture*, Paris, 383 p.

LE DÉPÔT LAPIDAIRE DE L'ABBAYE NOTRE-DAME DE BEAUPORT, UNE INVITATION À LA RELECTURE DE CINQ SIÈCLES D'ARCHITECTURE

Pascale TECHER[*]

L E DÉPÔT LAPIDAIRE de l'abbaye Notre-Dame de Beauport a fait l'objet d'un inventaire réalisé en 2007 à l'occasion de son déménagement programmé dans un nouvel espace désormais accessible au public et aux chercheurs. Avec plus de six cents pièces inventoriées, dont trois cents pierres sculptées en tuffeau, plus d'une centaine en calcaire, en pierre volcanique verte ou en granit, il est probablement le plus important de Bretagne et constitue un témoin majeur de l'architecture de ce monument en partie ruiné. Depuis le rachat du site en 1991 par le Conservatoire du Littoral, l'abbaye est progressivement restaurée. Les multiples travaux engagés ces dernières années ont permis de récolter un nombre important de pierres qui composent aujourd'hui le dépôt lapidaire regroupant, d'une part des éléments d'architecture, et d'autre part des fragments de mobilier funéraire ou liturgique. Cet ensemble couvre la période de construction de l'abbaye du XIIIe au XVIIe siècle. Mais la richesse du dépôt ne pourra être véritablement révélée qu'avec une meilleure connaissance du monument. Or celle-ci est encore partielle. À côté des études réalisées au XIXe siècle par A. Ramé[1] et J. Morvan[2] puis par J. Braunwald[3] et A. Mussat[4] au milieu du XXe siècle, l'abbaye reste méconnue, charmant surtout les visiteurs par la beauté de ses ruines implantées dans un site littoral remarquable (fig. 1). Depuis une quinzaine d'années, le regain d'intérêt pour son architecture a permis l'étude de la salle capitulaire et du réfectoire[5] mais aussi du « Bâtiment au Duc[6] ». Aujourd'hui, la confrontation de l'architecture aux pierres déposées renouvelle et enrichit l'approche de ce monument incontournable dans l'histoire de l'architecture gothique en Bretagne. Après une brève présentation de l'abbaye et de son histoire, le travail d'inventaire du dépôt lapidaire sera évoqué ; puis l'étude des trois ensembles ruinés que sont les deux cloîtres – bâtis respectivement au XIIIe et au XVe siècle – et l'église permettra de démontrer l'intérêt archéologique d'une partie des objets déposés.

* Proviseure adjointe au lycée de Cornouaille, Quimper ; étudiante en Master 2 Recherche, université de Poitiers en 2008.

1. RAMÉ 1857, p. 61-75.
2. MORVAN 1920, p. 35-69.
3. BRAUNWALD 1949, p. 82-101.
4. MUSSAT 1969, p. 217-250.
5. TRÉVIAN 2004, p. 21-39.
6. TOURNIER 1999b ; PERROT 1994.

*Fig. 1 : Site de l'abbaye de Beauport, baie de Paimpol (cl. P. Techer) :
vue des jardins actuels de l'abbaye, la photographie est prise depuis l'étage du Bâtiment au Duc.*

1. Notre-Dame de Beauport, une abbaye de Prémontré fondée au XIIIᵉ siècle dans la baie de Paimpol

1.1. Fondation et prospérité au XIIIᵉ siècle

L'abbaye Notre-Dame de Beauport est fondée en 1202[7] par le comte Alain sur ses terres de Goëlo, au sud-est de Paimpol (Côtes-d'Armor). La nature du site a nécessité des aménagements de terrain : des digues sont élevées probablement dès la fin du XIIIᵉ siècle et les terrains sont poldérisés. L'abbaye *Sancta Maria de Bello Portu* devait tirer une partie de ses revenus de l'activité portuaire. Elle contrôlait le port de Paimpol, les entrées et les sorties d'hommes et de produits, elle possédait aussi des pêcheries et des sécheries de poissons. Elle est dès son origine richement dotée, héritant des biens de l'abbaye de Saint-Riom dont la communauté, installée sur une île au large de la baie, périclite pour des raisons encore obscures[8]. À ces terres s'ajoutent des possessions anglaises dans le diocèse de Lincoln et de nouvelles dotations bretonnes

qui font de ce monastère une puissante seigneurie foncière au Moyen Âge[9]. Contrairement à Saint-Riom dont les chanoines venaient de Saint-Victor à Paris[10], le comte fait appel à des chanoines prémontrés de La Lucerne d'Outremer, du diocèse d'Avranches. Ils sont une vingtaine à s'installer à Beauport au début du XIIIᵉ siècle. L'abbaye est alors rattachée au diocèse de Saint-Brieuc[11].

La communauté prospère au XIIIᵉ siècle, période durant laquelle sont édifiés les principaux bâtiments. Plusieurs actes mentionnent le droit accordé aux chanoines par le comte ou d'autres donateurs de prendre du bois dans leurs forêts[12]. Ils témoignent d'un chantier actif qu'il faut ravitailler pour la construction d'échafaudages et de charpentes, même s'ils ne précisent pas la nature des bâtiments alors construits. La charte de fondation de l'abbaye, en 1202, rappelle que le bois des forêts servira à édifier de nouveaux bâtiments et à réparer les anciens[13]. Ces anciens bâtiments seraient d'après certains auteurs à

---

7. BARTHÉLEMY et GESLIN DE BOURGOGNE 1855-1879, p. 45, charte I ; AD Côtes-d'Armor, H 34. Cet acte est le premier à mentionner le nom de Beauport « *Bellus Portus* ».

8. Peut-être liées à la difficulté d'approvisionnement de cet espace insulaire, d'après LE BONNIEC 1965.

9. Les liens entre Beauport et Saint-Riom ainsi que les terres et privilèges accordés à l'abbaye ont été étudiés par LE BONNIEC 1965.

10. BRAUNWALD 1949, p. 82.

11. MORVAN 1920, p. 36.

12. AD Côtes-d'Armor, H 34 à 83.

13. BARTHÉLEMY et GESLIN DE BOURGOGNE 1855-1879, charte I, p. 46, « *[…] in omnibus forestis meis […] ad facienda omnia edifficia sua nova et ad reparanda vetera* ».

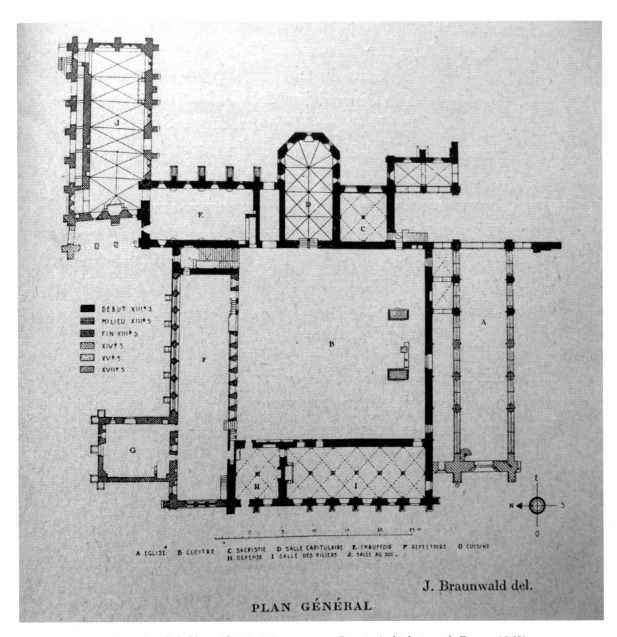

Fig. 2 : Plan de l'abbaye (d'après J. Braunwald, Congrès Archéologique de France, 1949).

l'origine du Bâtiment au Duc. En 1225[14], l'abbé Simon signe le testament de Guillaume Le Borgne qui donne 150 livres pour la construction de l'abbaye. En 1249, l'abbé Hervé aurait fait construire le réfectoire[15]. Enfin, un acte établi sous l'abbatiat de Robert de Barba par le duc de Bretagne Jean Ier, en 1266, confirme les droits des religieux de prendre du bois dans les forêts mentionnées dans les actes précédents[16]. C'est à cette époque que se dessine le plan du monastère alors que l'élévation témoigne aujourd'hui de son histoire.

14. Morice 1742-1746, col. 828 ; Barthélemy et Geslin de Bourgogne 1855-1879, p. 84.

15. Selon les Annales de Prémontré, voir à propos de cette datation : Trévian 2004, p. 27.

16. Morice 1742-1746, col. 1005.

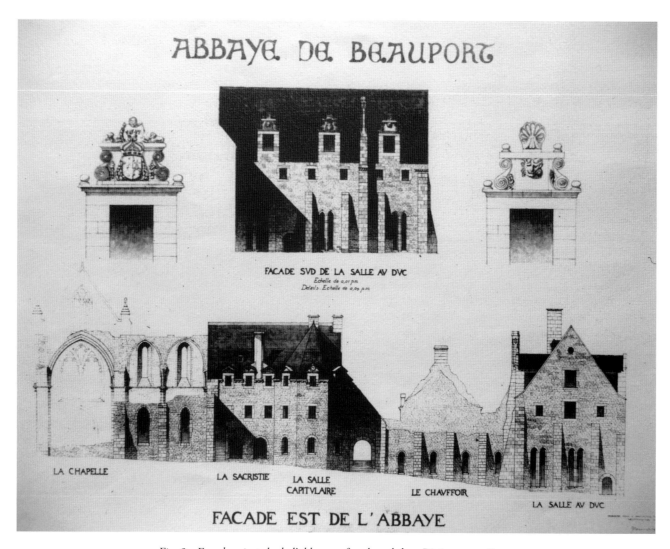

Fig. 3 : Façade orientale de l'abbaye et façade sud du « Bâtiment au Duc »
(dessins de J. Braunwald, 0081-022-019, Médiathèque du Patrimoine, Paris).

1.2. Aujourd'hui, une abbaye en partie ruinée

Beauport possède le plan classique d'une abbaye dont les bâtiments se distribuent autour du cloître (fig. 2). Cependant, trois particularités peuvent être relevées. Tout d'abord, l'église est située au sud alors qu'elle est au nord dans la plupart des abbayes cisterciennes dont s'inspire l'architecture des Prémontrés. Ensuite, la salle capitulaire située dans l'aile orientale possède un plan oblong et se termine à l'est par une abside à pans coupés qui rappelle l'architecture bas-normande et notamment la salle capitulaire de l'abbaye d'Hambye. Enfin, au nord, une construction, nommée « Bâtiment » ou « Salle au Duc », est accolée à une petite pièce désignée comme le chauffoir qui la rattache au carré du cloître. Sa fonction n'est pas clairement identifiée. Au rez-de-chaussée, une vaste pièce voûtée est éclairée de longues et étroites fenêtres jumelées (fig. 3). A.-C. Perrot la compare à la « salle des Hôtes » du Mont-Saint-Michel où s'observent aussi des baies géminées, deux grandes cheminées et des voûtes[17]. Une canalisation profonde et une vanne longent le flanc nord du bâtiment. La présence de quatre fours de bronziers, mis au jour lors des fouilles de la grande salle, dont l'activité s'arrête au début du XVe siècle, a permis de nourrir l'hypothèse de productions métallurgiques lors de sa première occupation[18].

17. PERROT 1994.
18. TOURNIER 1999a, p. 4-8.

Fig. 4 : L'abbaye avant la Révolution française, gravure, vers 1780 (ETU 0608, Médiathèque du Patrimoine, Paris).

Du XIIIᵉ au XVᵉ siècle est élevé l'ensemble des bâtiments autour du cloître, le « Bâtiment au Duc » et le logis de l'abbé[19]. Au XVᵉ siècle, un cloître en granit vient remplacer le cloître primitif.

Après le temps de la commende[20], l'ordre de Prémontré reprend la conduite du monastère au XVIIᵉ siècle et entreprend de grands travaux de restauration des bâtiments fortement délabrés. Ainsi, les ailes occidentale et orientale sont surélevées et les anciens dortoirs sont réaménagés en cellules (fig. 3). Le « Bâtiment au Duc » connaît, lui aussi, des transformations : les étages supérieurs sont reliés au bâtiment oriental par un nouvel espace de circulation au-dessus du chauffoir[21] et, à son extrémité ouest, une tour est construite (fig. 4, à droite). Le renouveau liturgique de cette période s'exprime par la commande de retables en tuffeau dont les blocs sculptés et les colonnes de marbre enrichissent aujourd'hui le dépôt lapidaire. La Révolution française conduit l'abbaye à la ruine. En 1790, elle est fermée et les chanoines quittent les lieux. Les bâtiments sont lotis et vendus à des laïcs. Vers 1845, Mélanie Morant, fraîchement mariée au comte polonais Napoléon Poninski et déjà en possession d'une partie des bâtiments, installe ses appartements aux étages du bâtiment occidental et entretient les vestiges.

Aujourd'hui, le logis de l'abbé a disparu comme la tour du « Bâtiment au Duc ». Le réfectoire, le chauffoir ont perdu leur couverture, et de l'église ne subsiste que la partie nord de la nef et du transept. Enfin, le cloître n'existe plus.

Devant l'ampleur de ces ruines et étant donné les lacunes des archives concernant le bâti, le dépôt lapidaire représente une source archéologique particulièrement intéressante pour la connaissance de l'abbaye.

2. Le dépôt lapidaire de l'abbaye de Beauport, le temps de l'inventaire

2.1. La constitution du dépôt lapidaire et le contexte d'intervention

Le dépôt lapidaire de l'abbaye s'est constitué progressivement au gré des restaurations et des travaux qu'a connu le site depuis 1991. Le retrait de plusieurs dizaines de pierres sculptées en tuffeau qui bouchaient les baies du « Bâtiment au Duc » et les étages de la salle capitulaire ont conduit à programmer un premier inventaire réalisé en 1997 par Soizig Le Rohellec, aujourd'hui archéologue à l'INRAP de Bretagne. Depuis, de nombreuses pièces s'étant accumulées au fil des années, un second inventaire devenait nécessaire. D'autant qu'à l'automne 2007 était entrepris le déplacement du dépôt vers un hangar réaménagé, ceci de manière à faciliter l'étude et l'accès aux pierres rangées désormais par matériau et par fonction ou décor (fig. 5).

2.2. Méthodologie et numérotation des pierres

Les pièces ont été nettoyées, mesurées (longueur, largeur, épaisseur, diamètre éventuel) numérotées puis photographiées. Une fiche par pierre a été rédigée : elle indique les dimensions, le numéro attribué à la pièce, son lieu de conservation, le type de roche employé, la fonction architecturale remplie, le lieu de prélèvement ou de remploi, l'existence ou non de photographies ou de dessins et, le cas échéant, la présence de traces de polychromie, l'intérêt muséologique et la localisation d'éléments similaires dans le bâti. L'étude des marques de pose et des traces d'outil n'a pas été effectuée de manière systématique, cependant certaines pièces ont été signalées pour leur intérêt dans ce domaine. Les photographies numériques ont été jointes à la fiche correspondante. Des planches-contacts classant les pierres par matériau permettent également de les repérer plus facilement.

---

19. Ce logis situé à l'ouest du réfectoire aurait été construit au XIVᵉ siècle d'après BRAUNWALD 1949, p. 83-84.

20. Le premier abbé commendataire, Pierre de Lanascol, est nommé en 1532, d'après BRAUNWALD 1949, p. 84.

21. HERBAUT 2008.

Fig. 5 : Dépôt lapidaire, blocs sculptés provenant des retables, tuffeau (cl. P. Techer).

La numérotation des pierres a été élaborée lors du premier inventaire réalisé par Soizig Le Rohellec. Quelques modifications ont été apportées pour affiner certaines séries et procéder au récolement de l'inventaire initial. Le système de numérotation comporte trois nombres, les deux premiers à deux chiffres et le troisième à trois chiffres, qui renseignent le matériau utilisé et le décor ou la fonction de la pièce.

Le premier groupe de chiffres (../00/000) correspond au type de décor ou à la fonction de la pièce.

Numéro	Fonction ou décor
00	éléments indéterminés sans décor
01	éléments indéterminés avec un décor simple (moulures, entailles…)
02	colonnes, pilastres
03	éléments de baies : meneaux et piédroits, claveaux d'arcs
04	éléments présentant un décor figuratif
05	chapiteaux
06	éléments d'ornement extérieur (de jardin hormis les bassins)
07	éléments de bassin
08	éléments à gorge ou canal
09	bases et supports
10	clés de voûte, claveaux d'ogives
11	éléments d'escalier
12	pavements

Le deuxième groupe (00/.. /000) de chiffres correspond au matériau.

Numéro	Matériau
01	granit (1)
02	tuffeau (2)
03	pierre volcanique verte, spilite (3)
04	calcaire (4)
05	marbre
06	lumachelle (5)
07	schiste
08	grès
09	argile, terre cuite

(1) Les granits utilisés à Beauport sont essentiellement de deux types. Le premier, un granit ocre, provient de carrières proches de l'abbaye situées dans la région de Bréhat, dans un rayon de 8-10 km. Il est surtout visible dans les parties les plus anciennes. Le second est un granit blanc-gris, extrait de l'Île Grande qui n'est utilisé, selon L. Chauris, qu'au XVIIᵉ siècle[22].

(2) Le tuffeau désigne une roche sédimentaire, calcaire, peu dense, à grains très fins, de couleur blanche. Son origine pourrait être le Val de Loire[23]. Dans cette catégorie, une sous-série a été créée pour affiner le classement des pierres à décor figuratif.
04 /02/ …/ 01 = décor de drapé.
04 /02/ …/ 02 = éléments de corniches : modillons, denticules…
04 /02/ …/ 03 = décor végétal.
04 /02/ …/ 04 = autres décors figuratifs.
04 /02/ …/ 05 = décor indéterminé (souvent trop abîmé).

(3) Il faut distinguer la pierre volcanique verte de la spilite employée à Beauport. La spilite est une roche volcanique qui affleure à la pointe du Guilben à quelques centaines de mètres à peine de l'abbaye. Malgré sa proximité géographique, elle aurait très peu servi à la construction de l'abbaye[24]. En effet, sa texture bréchique et bulleuse en fait une roche très poreuse et très hétérogène. Elle se reconnaît par sa couleur qui peut varier du vert violacé au gris-noir verdâtre ; elle est cependant différente d'une autre roche volcanique verte qui fut plus utilisée dans le bâti. Ce « tuffeau vert » aussi appelé « syénite », a une provenance probablement locale mais qui n'est pas déterminée avec précision[25]. Tendre lors de son extraction, il se sculpte assez facilement puis durcit et se patine avec le temps.

(4) Le calcaire utilisé est une roche sédimentaire différente du tuffeau. De couleur jaunâtre, son grain est moyen et la pierre est plus dense. Il est communément appelé calcaire de Caen mais son origine n'a cependant pas encore été certifiée bien qu'elle ne fasse aucun doute pour certains spécialistes[26].

(5) La lumachelle est une roche sédimentaire de l'étage du Jurassique. Composée de petits coquillages (bivalves) et de gastéropodes de 2 ou 3 mm de diamètre pris dans un ciment d'argile, compactés sous l'effet de fortes compressions géologiques, elle est friable et

---

22. CHAURIS 2004, p. 10-11.
23. *Ibid.,* p. 8.
24. *Ibid.,* p. 6. ; ID. 2005, p. 45.
25. ID. 2004, p. 9-10.
26. *Ibid.,* p. 11-12.

s'altère par desquamation. Son origine n'est pas arrêtée mais il est certain que cette roche ne provient pas de Bretagne. Elle pourrait avoir été extraite des carrières du sud-ouest de l'Angleterre comme celle qui fut utilisée pour les supports du cloître du Mont-Saint-Michel[27].

Enfin, le troisième groupe de chiffres (00/00/…) permet de numéroter chaque pièce de 001 à 999.

2.3. Les pièces déposées, des éléments de mobilier et d'architecture

Le contenu du dépôt lapidaire peut se diviser en deux grands ensembles. La moitié des pièces proviennent des anciens retables de l'église attribués aux ateliers Lavallois[28] et commandés au XVIIe siècle par les chanoines. Il s'agit essentiellement de blocs sculptés en tuffeau (fig. 6) aux décors de feuillages, fruits ou fleurs qui s'enroulent en guirlandes ou se développent en candélabres. Les références antiques sont très présentes : deux putti adossés constituent l'une des pièces remarquables de ces retables, des pilastres et des chapiteaux corinthiens en composaient la structure. Plusieurs colonnes ainsi que des balustres en marbre semblent avoir appartenu au retable principal dont le sculpteur J.-B. Guillou nous livre une description détaillée lors de l'inventaire qu'il réalise en 1792 pour la vente du mobilier de l'église[29]. À côté de ce riche ensemble, quelques fragments de mobilier funéraire en granit et en calcaire ont été inventoriés.

Trois pièces en calcaire, provenant d'un gisant, constituent une découverte archéologique majeure. Elles représentent un lion couché sur lequel sont posées des chausses (fig. 6). La finesse de la sculpture, le matériau utilisé – un calcaire importé – et le dessin de la maille des chausses témoignent de la sépulture d'un seigneur de haut rang[30].

L'autre partie du dépôt lapidaire concerne des pierres liées à l'architecture. Toutes n'ont pas livré leur fonction ; certaines sont très endommagées mais les matériaux utilisés et les décors observés permettent de les rattacher pour la plupart à un bâtiment ou à une période de

Fig. 6 : Dépôt lapidaire, fragments d'un gisant, calcaire (cl. P. Techer).

Fig. 7 : Dépôt lapidaire, éléments de canalisations, roche volcanique verte et terre cuite (cl. P. Techer).

construction. Les pièces réalisées en pierre volcanique verte ou en spilite peuvent être attribuées aux édifices du XIIIe siècle ; elles se retrouvent dans le bâti au niveau de l'aile orientale du cloître (passage vers les champs, salle capitulaire, sacristie), de l'église, du chauffoir et plus partiellement dans l'aile occidentale et le « Bâtiment au Duc ». Le matériau est utilisé pour l'encadrement des baies et des portes, les supports des voûtes et des arcades : bases, colonnettes, meneaux et piédroits, mais aussi les culots coudés et les chapiteaux dont de nombreux fragments sont conservés dans le dépôt lapidaire. Des sections d'un système de canalisations (fig. 7) ont également été repérées : les tuyaux sont en terre cuite, insérés dans des pierres façonnées pour les recevoir. Les

---

27. BAZIN 1978[2], p. 160.

28. Les retables Lavallois désignent le mobilier issu de la production d'ateliers de sculpteurs de la région de Laval au XVIIe siècle. Le retable du grand autel de Notre-Dame de Beauport aurait été réalisé par Olivier Martinet en 1672.

29. AD Côtes-d'Armor, 1 Q 153.

30. TECHER 2008, p. 48-49. Les premières recherches ont conduit à circonscrire deux personnages enterrés à Beauport qui auraient pu avoir cette sépulture : Alain d'Avaugour, comte de Goëlo et fondateur de l'abbaye, mort en 1212, et Prigent de Coëtmen, décédé entre 1308 et 1318.

Fig. 8 : Cloître, angle nord-ouest, remploi de support en lumachelle (cl. P. Techer).

pierres calcaires appartiennent vraisemblablement aussi aux constructions du XIIIe siècle ; elles pourraient provenir de deux lieux : les voûtes de l'église, dont une centaine de claveaux d'ogives sont conservés, et le réfectoire pour des éléments de corniche et de baies. Les pierres déposées en granit constituent pour une part des éléments de jardin : fragments de vasques et couronnements de pilier de grande taille ; les autres peuvent être associées aux restes du cloître du XVe siècle avec des bases, des chapiteaux, des colonnettes et des écoinçons d'arcades.

3. Les apports du dépôt lapidaire à la connaissance du bâti

Le dépôt lapidaire permet de renouveler l'approche de l'architecture de l'abbaye par la confrontation de ses objets aux constructions encore visibles. Pour cette contribution, le choix de l'étude s'est porté plus particulièrement sur une partie des bâtiments des XIIIe-XVe siècles : les deux cloîtres et l'église abbatiale sont ici présentés.

3.1. Le cloître du XIIIe siècle : un cloître en lumachelle contemporain de la salle capitulaire

Le premier cloître de l'abbaye a été complètement détruit. Aucune source écrite ne permet d'en témoigner. Au XVe siècle, un nouveau cloître prit sa place. Cependant, quelques fragments de supports d'un cloître plus ancien sont conservés dans le dépôt lapidaire. D'autres éléments identiques ont été remployés dans le nouveau cloître : il s'agit de tambours de colonnettes, de bases simples ou jumelées et de chapiteaux doubles. À l'angle nord-ouest du cloître, un passage aménagé dans l'épaisseur du mur du réfectoire s'ouvre par une arcature réalisée avec des supports en lumachelle (fig. 8) ; les arcades sont en granit mais rien ne prouve qu'elles soient d'origine. Dans l'église, ce sont des colonnettes qui ont été utilisées pour soutenir les voûtes des travées occidentales ; au niveau de la seconde pile nord de la nef, une base a été montée à l'envers pour servir de chapiteau au-dessus de plusieurs tambours de colonnettes. Ces éléments peuvent être attribués à un même ensemble se référant à la construction d'un cloître de l'abbaye.

3.1.1. La lumachelle : un matériau original

Tous les supports du cloître devaient être réalisés en lumachelle. Cette roche, très peu présente aujourd'hui dans l'architecture de l'abbaye, a cependant dû jouer un rôle important dans l'édification des premiers bâtiments du XIIIe siècle. En effet, la plupart des supports des salles situées autour du cloître, la salle capitulaire, la sacristie et la petite pièce nommée « dépense » (située dans l'aile occidentale), font appel à ce matériau pour une partie ou la totalité de leurs supports : base, colonne, chapiteau et taillloir. Cette roche peu connue en Bretagne a fort probablement été importée. Selon G. Bazin, elle pourrait avoir la même origine que celle utilisée pour les supports du cloître du Mont-Saint-Michel. Lors de la restauration du cloître normand à la fin des années 1870, É. Corroyer a conservé huit colonnettes et deux chapiteaux dans la pierre d'origine[31] ; tous les autres supports ont été remplacés par une roche provenant d'une carrière proche de La Lucerne en Basse-Normandie. La comparaison des matériaux utilisés à Beauport et au Mont-Saint-Michel ne permet pas de douter de la similitude des roches. La taille des coquillages est identique, comme la teinte du ciment qui les lie mais une analyse pétrographique complémentaire serait nécessaire. Elle permettrait aussi sans doute de préciser la provenance du matériau.

Pour G. Bazin, qui s'appuie sur l'expertise de J. W. Arkell, l'origine anglaise de la lumachelle du cloître du Mont-Saint-Michel ne fait aucun doute[32]. D'après eux, les carrières de Purbeck dans la région du Dorset pourraient être le lieu d'extraction de cette roche, la proximité du littoral permettant leur exportation vers le continent. La lumachelle, qui fut beaucoup exploitée en Angleterre au XIIIe siècle, permit d'utiliser le matériau en association avec le calcaire, par exemple dans la Trinity Chapel de la cathédrale de Salisbury ou à Cantorbery. Au Mont-Saint-Michel aussi les arcades sont en calcaire et devaient fortement contraster avec les supports en lumachelle.

Mais qu'en était-il du cloître primitif de Beauport ? Possédait-il lui aussi des arcades en calcaire ? Le Mont-Saint-Michel lui servit-il de modèle ? L'hypothèse de l'élévation d'un cloître associant deux matériaux pourrait être avancée pour Beauport mais elle est encore trop peu étayée pour l'instant. N'oublions cependant pas que l'architecture de l'abbaye du Mont-Saint-Michel a été un modèle dans le nord de la Bretagne au XIIIe siècle, et plus

Fig. 9 : Sacristie, support central de la voûte, lumachelle (cl. P. Techer).

particulièrement à l'abbaye de Beauport, notamment lors de la construction du réfectoire[33] et probablement aussi du « Bâtiment au Duc »[34].

3.1.2. Un cloître contemporain de la salle du chapitre

Le premier cloître de l'abbaye a dû être construit au début du XIIIe siècle. L'étude stylistique des fragments en lumachelle permet en effet d'attester la contemporanéité du cloître avec la salle capitulaire et la sacristie. Les chapiteaux en lumachelle en remploi dans le cloître actuel ont des formes identiques à ceux qui soutenaient les voûtes de ces deux salles : sur la corbeille, les feuilles sont simplement épannelées et les crochets se tendent, en boules, aux angles du taillloir. Si les chapiteaux de la salle capitulaire, très abîmés, ont perdu leur sculpture[35], celui de la sacristie, resté en place et en parfait état de conservation (fig. 9), devait avoir des formes identiques. La salle

---

31. BAZIN 1978², pl. XL.
32. ARKELL 1933, p. 52 ; BAZIN 1978², pl. XXXIX et note 49.

33. TRÉVIAN 2004, p. 31.
34. PERROT 1994.
35. Ces pièces sont aujourd'hui entreposées dans le dépôt lapidaire.

Fig.10 : Cloître du XVᵉ siècle (cl. P. Techer).

capitulaire de Beauport a fait récemment l'objet d'une étude qui permet de mieux circonscrire la date de sa construction. Cette salle prend pour modèle l'architecture des salles capitulaires normandes telles que celles de Notre-Dame du Vœu ou d'Hambye. À Beauport comme dans ces abbayes normandes, elle présente la particularité de s'achever par une abside orientée à pans coupés et s'ouvre sur le cloître par une double arcade ornementée ici de motifs de croisillons. D'après V. Trévian, la salle capitulaire de Beauport, très proche de l'architecture de celle d'Hambye, aurait été construite dans les années 1220-1230[36]. Le cloître lui serait donc probablement contemporain.

3.2. Le cloître en granit du XVᵉ siècle

La construction d'un nouveau cloître au XVᵉ siècle n'est pas attestée par les sources écrites. D'après J. Braunwald, l'abbé Boschier qui fit de grandes réparations dans l'abbaye aurait pu l'édifier[37]. Aujourd'hui les galeries ont

disparu et l'absence de fouilles ne permet pas de connaître d'éventuelles fondations. Deux arcades, encore élevées mais placées comme témoin, n'en reprennent peut-être pas la disposition d'origine car plusieurs blocs en calcaire sculptés de motifs figurés ont été retaillés pour reposer au-dessus des écoinçons (fig. 10). Les arcs en accolade reposent sur des supports géminés. Le cloître fut amputé de quelques arcades lors de la construction au XVIIᵉ siècle de grosses culées réalisées pour soutenir le mur gouttereau nord de la nef qui poussait au vide[38]. Plusieurs fragments de chapiteaux et des écoinçons d'arcades furent utilisés au XIXᵉ siècle pour la réalisation des tombeaux du comte Poninski et de son épouse (fig. 11). Aujourd'hui des écoinçons sont dispersés dans les allées du monument. Enfin, à côté de ces remplois, de nombreuses pièces ont été collectées et placées dans le dépôt lapidaire (fig. 12) : des bases doubles et des chapiteaux jumelés aux décors variés avec des motifs de lierre, de feuillages stylisés ou avec une simple ornementation cordiforme ; des tambours de colonnettes simples et des piles quadrilobées, des

36. TRÉVIAN 2004, p. 26.
37. BRAUNWALD 1949, p. 84.

38. BRAUNWALD 1949, p. 90.

Fig. 11 : *Église, bas-côté nord de la nef, tombeaux du comte Poninski et de sa femme (cl. P. Techer).*

Fig. 12 : *Dépôt lapidaire, chapiteaux, granit (cl. P. Techer).*

linteaux aux décors sculptés qui reposaient sur les écoinçons des arcades. L'ensemble de ces fragments pourrait permettre de restituer la structure des galeries du cloître.

3.3. Pierres en provenance de l'église abbatiale

L'église est l'une des constructions les plus dégradées de l'abbaye (fig. 13). De cet édifice, seuls subsistent la façade occidentale, le vaisseau central de la nef et son bas-côté nord ainsi que le bras nord du transept. Toutes les parties méridionales et le chevet ont disparu, comme les voûtes. Un dessin réalisé par A. Ramé au XIXe siècle (fig. 14) permet de constater que l'élévation du chevet devait être à deux niveaux avec un décor identique à celui du bras nord du transept et des travées orientales du vaisseau central de la nef encore visibles aujourd'hui. L'église devait mesurer 50 m de long pour 20 m de large ce qui en faisait un bâtiment aux volumes importants, à peu près comparable à celui de son abbaye-mère, La Lucerne d'Outremer. Appuyée à l'aile méridionale du cloître, l'abbatiale devait posséder un chevet plat formé de deux travées. Le transept régulier était pourvu de deux chapelles orientées ; il a conservé au nord l'escalier des mâtines qui permettait

l'accès direct des chanoines au dortoir lors de l'office de nuit. Enfin, la nef à trois vaisseaux était composée de six travées. Plusieurs pièces du dépôt lapidaire peuvent être attribuées à l'architecture de l'église. Elles sont toutes réalisées en pierre volcanique verte et doivent provenir des parties orientales de l'église. En effet, la construction de celle-ci a dû s'opérer en deux grandes phases. Le chevet, le transept et les trois travées orientales de la nef ont probablement été réalisés lors d'une première campagne marquée par l'emploi de pierre volcanique verte pour l'encadrement des baies, la maçonnerie des piles et la réalisation des chapiteaux et culots coudés. La seconde phase de construction concerne les travées occidentales, bâties en granit comme la façade.

3.3.1. Les chapiteaux, supports et éléments de baie

Huit chapiteaux et culots coudés sont aujourd'hui déposés (fig. 15). De tailles variées, ils devaient appartenir aux parties détruites de l'église. En effet, des supports de même taille et de formes semblables peuvent être repérés *in situ*.

Les chapiteaux de l'église sont formés d'un fin cordon pour l'astragale sur lequel s'appuie une corbeille peu renflée. Le tailloir est quadrangulaire. Les corbeilles

Fig. 13 : Église, vue de la façade sud (cl. P. Techer).

Fig. 14 : Église, élévation du chevet (dessin d'A. Ramé, fin du XIXᵉ siècle).

sont sculptées de crochets ou de feuilles très stylisées. Trois types peuvent être repérés. La forme la plus élémentaire consiste en une feuille épannelée, dont le lobe est simplement suggéré par deux ou trois incisions, sans détails. Quand une feuille apparaît en relief, ses nervures sont stylisées. Les chapiteaux à crochets sont quant à eux formés de boules évoquant des feuilles recroquevillées. Trois blocs présentent des chapiteaux de petit diamètre sculptés dans l'angle. Ils devaient appartenir aux piles de la croisée ou des chapelles orientées du bras sud du transept (fig. 16) voire aux piles du chevet.

Fig. 15 : *Dépôt lapidaire, chapiteaux, pierre volcanique verte*
(cl. P. Techer).

Fig. 17 : *Église, vaisseau central de la nef,*
baie de la cinquième travée sud (cl. P. Techer).

Fig. 16 : *Église, bas-côté nord, sixième travée, chapiteaux de la*
pile au contact du transept (cl. P. Techer).

Des culots coudés supportent les minces colonnettes qui recevaient les ogives des voûtes. Lisses ou sculptés de feuilles stylisées, leurs décors se rapprochent de ceux des chapiteaux. Dans le bras nord du transept, un groupe de trois culots coudés est posé contre le mur ouest. Un groupe identique est conservé dans le dépôt lapidaire, il appartenait peut-être au bras sud du transept ou au chevet.

À côté des chapiteaux et culots coudés, de nombreux éléments de baie en pierre volcanique verte sont entreposés dans le dépôt lapidaire. Ils proviennent certainement des baies du chevet ou du bras sud du transept de l'église. Les fenêtres devaient être identiques à celles de la claire-voie des travées orientales du vaisseau central de la nef (fig. 17). Il s'agit de baies simples, ne

présentant pas de meneaux et formant de longues lancettes en arc brisé. Deux colonnettes, encadrant l'embrasure, supportent l'arc de décharge. Au tympan de la baie, un sobre décor mouluré épouse la forme de l'arc. Les fragments conservés s'apparentent à des piédroits pourvus de minces colonnettes et à des éléments de tympan dont les blocs chanfreinés ont conservé leur feuillure témoignant de l'emplacement des vitraux.

3.3.2. Les voûtes en calcaire

Toute l'église était couverte de voûtes quadripartites sur croisée d'ogives hormis les bas-côtés de la nef et les chapelles du transept qui étaient voûtées d'arêtes. Dans la nef, elles correspondent à la dernière phase du chantier de l'église après la construction de la façade occidentale sur laquelle elles reposent. Les voûtes en calcaire, peut-être de Caen, se seraient effondrées au début du XIXᵉ siècle. L'édifice, dont la stabilité était déjà menacée au XVIIᵉ siècle[39], n'a pas résisté à l'abandon post-révolutionnaire. Seuls les tas de charge et le départ des voûtains dans le vaisseau central de la nef et dans le transept témoignent encore de la voûte en pierre de l'église.

Dans le dépôt lapidaire, plusieurs dizaines de claveaux d'ogives en calcaire sont conservés ainsi que deux clés de voûtes (fig. 18). Ils viennent probablement de l'église car aucune autre salle de l'abbaye ne semble avoir été voûtée de croisées d'ogives en calcaire[40].

---

39. Ce qui nécessita l'aménagement de grosses culées au niveau de l'aile méridionale du cloître pour contrer le déversement du mur nord de la nef.

40. Nous ne savons cependant pas si le logis de l'abbé, aujourd'hui entièrement détruit, possédait une salle voûtée.

Fig. 18 : Dépôt lapidaire, claveaux d'ogives, calcaire (cl. P. Techer).

Fig. 19 : Dépôt lapidaire, clé de voûte, calcaire (cl. P. Techer).

Deux profils d'ogives ont pu être mis en évidence par un relevé effectué sur les pierres déposées. L'un des profils correspond à celui qui avait été réalisé par les services des Monuments historiques en 1950 dans la première travée occidentale de la nef[41]. Composé d'un tore circulaire, sans filet, épaulé de cavets qui accentuent les contrastes d'ombre et de lumière, il est présent au niveau des tas de charge de toutes les travées du vaisseau central de la nef. Le second profil identifié, plus sobre et plus massif, sans cavets, est plus proche de celui des ogives de la salle capitulaire de l'abbaye. A-t-il pu appartenir aux voûtes des parties orientales de l'église ? Ces deux profils pourraient-ils témoigner de deux phases de voûtement de l'église ?

Les clés conservées sont réalisées dans deux matériaux différents : l'une est en calcaire et l'autre en granit (fig. 19). Elles sont de même taille et leurs branches s'adaptent sur le profil des ogives à cavets de la nef. Elles devaient être posées à la croisée des voûtes de la nef. La différence de matériau entre les deux clés est cependant surprenante. S'il est assuré que la clé en calcaire provient de l'église, l'origine de celle en granit n'a pas encore pu être identifiée avec certitude.

Parmi les claveaux conservés dans le dépôt lapidaire, nombreux sont ceux qui ont été rabotés, le tore de l'ogive a été cassé et le claveau étêté a ainsi servi de pierre de maçonnerie. Ils s'observent aujourd'hui fréquemment en remploi dans l'architecture du monument et dans les murs d'enceinte reconstruits après la Révolution lorsque le domaine fut divisé et racheté. Ils ont aussi été utilisés pour réaliser le parapet de la tribune de la chaire du lecteur dans le réfectoire. Celle-ci a en effet dû être complètement

réaménagée lors d'une restauration difficile à situer dans le temps mais qui pourrait dater du XIXe siècle. En haut de la tribune, les baies en arc brisé du mur sud ont été détruites et la corniche reconstruite a été pourvue de claveaux d'ogives rabotés. Ces claveaux proviennent des voûtes en calcaire de l'église qui s'effondrent au début du XIXe siècle[42].

Ainsi, le dépôt lapidaire de l'abbaye de Beauport constitue un ensemble exceptionnel tant par la qualité que par la quantité des pièces conservées. Sa mise en valeur récente est un atout supplémentaire. Il guide le chercheur et intrigue le visiteur curieux d'enrichir sa connaissance des lieux.

Les pistes de recherches que suscitent son étude et son inventaire ont été partiellement évoquées dans cette contribution. De nombreuses pièces remarquables n'ont pas encore pu être identifiées. Une relecture des sources est indispensable comme la confrontation aux bâtiments existants.

L'étude de trois ensembles ruinés – les cloîtres des XIIIe et XVe siècles et l'église – a permis de démontrer l'intérêt archéologique des objets déposés. Même si les hypothèses évoquées dans cet article mériteront encore des approfondissements, elles permettent déjà de mesurer l'étendue des possibilités offertes par ce fonds.

L'inventaire du dépôt lapidaire fut un premier pas vers l'étude des objets d'architecture de l'abbaye. Celui-ci reste ouvert car le site a pour l'instant été peu fouillé et recèle encore probablement des pierres enfouies. La seconde étape de l'inventaire, qui débute aujourd'hui, consiste à répertorier les pierres en remploi chez les particuliers et dans les bâtiments de l'abbaye, où l'appui de campagnes d'archéologie du bâti serait nécessaire.

41. Médiathèque du Patrimoine, Paris, relevé 1996/088/0012 - D 5279.

42. TECHER 2008, p. 45-46.

Sources

Archives départementales des Côtes-d'Armor, Saint-Brieuc
H 34 à 83 : clergé régulier, abbaye de Beauport.
1 Q 153 : État et procès-verbal des peintures et sculptures qui se trouvent dans l'abbaye royale de Notre-Dame de Beauport, district de Pontrieux, Municipalité de Plouézec, dressé par B. Guillou, sculpteur.

Bibliographie

ARKELL J. W.
1933, *The jurassic System in Great Britain*, Oxford, Oxford University Press.

BALLINI A.-C. (dir.)
2002, *Abbaye de Beauport, Huit siècles d'histoire en Goelo*, Association des Amis de Beauport et Dominique éd.

BARTHÉLEMY A. DE et GESLIN DE BOURGOGNE J.
1855-1879, « Anciens évêchés de Bretagne », t. IV, *Histoire et Monuments,* Guyon, Saint-Brieuc.

BAZIN G.
1978², *Le Mont-Saint-Michel*, Paris, Picard.

BRAUNWALD J.
1949, « L'abbaye de Beauport », *Congrès archéologique de France*, CVIIᵉ session (Saint-Brieuc, 1949), Paris, Société française d'archéologie, 1950, p. 82-101.

CHAURIS L.
2004, « Recherches préliminaires sur la provenance des pierres de construction à l'abbaye de Beauport », *Les Cahiers de Beauport*, n° 10, p. 6-12.
2005, « Une pierre de construction originale en Côtes-d'Armor : les spilites de Paimpol dans les monuments religieux », *Bulletin de la Société d'émulation des Côtes-d'Armor*, t. CXXXIV, p. 41-50.

HERBAUT C.
2008, « Étude patrimoniale du Bâtiment de la salle au Duc et de ses anciennes distributions », association AGRAB, Abbaye de Beauport, dactyl.

LE BONNIEC Y.
1965, « L'abbaye de Beauport au XIIIᵉ siècle (ordre de Prémontré) », mémoire de DES d'Histoire soutenu à Rennes.

MORICE dom H.
1742-1746, *Mémoires pour servir de preuves à l'histoire ecclésiastique de Bretagne,* t. 1, Paris.

MORVAN J.
1920, « L'abbaye de Beauport », *Bulletin de la Société d'Émulation des Côtes-du-Nord*, t. LII, p. 35-69.

MUSSAT A.
1969, « Naissance et épanouissement d'un art », dans DELUMEAU J. (dir.), *Histoire de la Bretagne*, Paris, Privat, p. 217-250.

PERROT A.-C.
1994, « Étude Préalable à la restauration du Bâtiment au Duc », Archives des Monuments Historiques, Médiathèque du Patrimoine, ETU/0608.

RAMÉ A.
1857, « L'abbaye de Beauport, date de construction de ses différentes parties, indication de la destruction

primitive de chacune », *Association bretonne*, t. 6, p. 61-75.
s. d., *Abbaye de Beauport, vue du XIXᵉ siècle,* Angoulême, Association pour la gestion et la restauration de l'abbaye.

RIOULT J.-J.
2002, « L'abbaye de Beauport », *Dictionnaire du Patrimoine de Bretagne*, Paris, Monum. éd. du Patrimoine, p. 173-176.

TECHER P.
2008, « Mémoires de pierres, du dépôt lapidaire à une redécouverte de l'abbaye », *Cahiers de Beauport*, n° 14, p. 41-53.

TOURNIER F.
1999a, « Fouilles de la Salle au Duc de l'abbaye de Beauport », *Cahiers de Beauport*, n° 6, p. 4-8.
1999b, « Artisanat et hydraulique à l'abbaye de Beauport, Fouille programmée de la Salle au Duc », SRA Bretagne, dactyl.

TRÉVIAN V.
2004, « Abbaye Notre-Dame de Beauport au XIIIᵉ siècle : la salle capitulaire et le réfectoire », *Les Cahiers de Beauport*, n° 10, p. 21-39.

L'HÔTEL-DIEU DE CHARTRES. VESTIGES ET RECONSTITUTION

James BUGSLAG[*]

L'HÔTEL-DIEU DE CHARTRES, autrefois appelé l'Aumône Notre-Dame, occupait jusqu'au milieu du XIXᵉ siècle un site privilégié à même l'enclos cathédral, à proximité de la façade ouest de la cathédrale[1] (fig. 1). Il fut démoli pendant l'hiver de 1867-1868[2]. Événement tragique dans l'histoire de Chartres, la démolition de ce bâtiment aura au moins permis la réalisation de relevés d'arpentage du site très précis et d'un plan à l'échelle (fig. 2) qui m'ont aidé à mieux saisir l'aspect et les dimensions de cet ensemble architectural. Lors de nos recherches visant à reconstituer l'apparence de l'hôtel-Dieu de Chartres[3], nous avons retrouvé quelques photographies et dessins qui furent réalisés par la Société archéologique d'Eure-et-Loir (SAEL) juste avant et pendant sa démolition[4] (fig. 3 et 4). Nous avons aussi bénéficié de brèves descriptions de l'hôtel-Dieu, plus particulièrement celles de Paul Durand qui fut membre de la SAEL et ardent défenseur de cet édifice[5]. Les efforts de Durand pour sauver la plus ancienne partie de l'hôtel-Dieu, soit la Salle Saint-Côme, furent vains. Les autorités de la ville de Chartres préférèrent procéder à l'élargissement de la route longeant la cathédrale, et une école fut construite sur une partie du site de l'hôtel-Dieu. Tout ce qui nous est parvenu des bâtiments de celui-ci se résume à des dépôts lapidaires dispersés dans la ville de Chartres. Ironie du

---

[*] Professeur d'histoire de l'art, université du Manitoba, Canada.

1. LAURENT 1987, avec plan.

2. Une affiche, datée du 3 octobre 1867, fut publiée à Chartres pour annoncer la vente et la démolition de l'hôtel-Dieu. L'unique exemplaire de ces affiches est conservé dans les AD Eure-et-Loir, 1 J 1058 (1867) ; il est catalogué sous le titre « Ensemble de pièces relatives à la mise en vente et à la démolition des bâtiments de l'ancien hôtel-Dieu de Chartres ». Le 7 août 1867, les patients de l'hôtel-Dieu furent transférés vers un nouvel établissement de santé construit en périphérie de Bonneval ; LEFEBVRE 1882, p. 102, note 1.

3. Nous remercions toutes les personnes qui nous ont accordé leur aide lors de nos recherches : Juliette Clément, présidente de la Société archéologique d'Eure-et-Loir ; Gilles Fresson, attaché de direction au Rectorat de la cathédrale de Chartres ; Nadine Berthelier, conservateur en chef du Patrimoine du Musée des Beaux-Arts de Chartres ; Arnaud Timbert, maître de conférences à l'université Charles-de-Gaulle, Lille ; Françoise Barbier ; Stewart Henry Rosenberg ; Christopher Crockett ; Margot Fassler, professeur à l'université Notre-Dame (États-Unis) et Claire Labrecque, professeur à l'université de Winnipeg (Canada).

4. LECOCQ 1868. Des copies de ces photographies sont conservées aux AD Eure-et-Loir, mais les meilleurs exemplaires de ces photographies, sans doute offertes par le SAEL, se trouvent maintenant à la Bibliothèque municipale de Chartres. Les Archives de la Société d'histoire des hôpitaux de Chartres possèdent aussi des clichés photographiques.

5. DURAND 1868 ; DURAND 1873 ; LAURENT 1987.

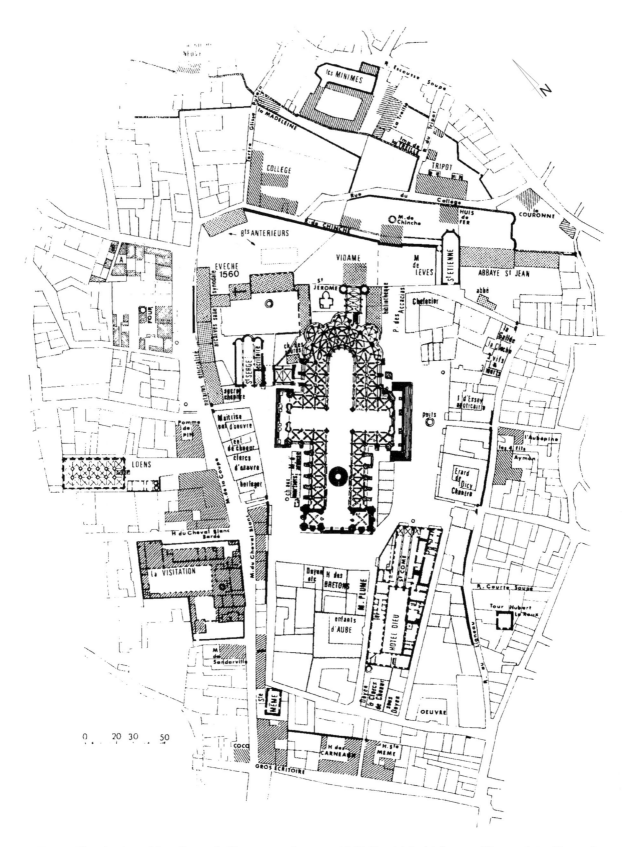

Fig. 1 : Plan du cloître Notre-Dame de Chartres, par LAURENT *1987 (Société Archéologique d'Eure-et-Loir, Chartres).*

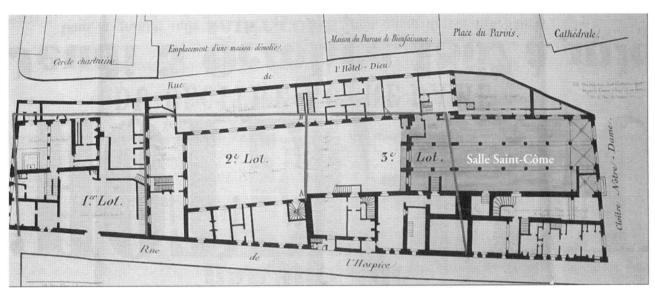

Fig. 2 : Affiche de 1867 représentant le plan de l'hôtel-Dieu, avec la Salle Saint-Côme en gris foncé (AD Eure-et-Loir, 1 J 1058).

Fig. 3 : Vue extérieure du côté nord de la Salle Saint-Côme, photographie de 1867 (fonds iconographique de la Médiathèque l'Apostrophe, Chartres).

Fig. 4 : Vue intérieure du mur nord de la Salle Saint-Côme vers l'est, photographie de 1867 (fonds iconographique de la Médiathèque l'Apostrophe, Chartres).

sort, Durand avait proposé que l'on utilise les bâtiments hospitaliers justement pour y conserver des dépôts lapidaires. Malgré le nombre considérable de morceaux provenant de l'hôtel-Dieu qui sont d'un intérêt indéniable au plan architectural et sculptural, il est pour le moins étonnant que ce monument n'ait jamais été le sujet d'une étude approfondie. Nous nous proposons donc tout d'abord de retracer l'histoire de ses origines, puis de décrire ce que nous savons de ses aspects formels, et enfin de partager le résultat de nos recherches sur les fragments lapidaires qui sont conservés dans diverses collections à Chartres.

L'origine de la construction de l'hôtel-Dieu de Chartres remonte à la fin du XIe siècle. D'après le nécrologe de Chartres, il fut fondé par Berthe de Blois, comtesse de Bretagne, sans doute avant sa mort en juin 1085[6]. Il est

---

6. MOLINIER 1906, p. 10 : « [12 apr.] *II id. apr. Obiit … Berta, comitissa, que ad hujus ecclesie decorem plura contulit, … terram quoque a Fulcherio, filio Girardi, emit, in qua Elemosinam hujus ecclesie de suo fecit, et ad usus informorum ipsius Elemosine furnam dedit et alia plura.* » Curieusement, l'édition du nécrologe dans LÉPINOIS et MERLET 1865, p. 86, ne fait aucune référence à l'Aumône Notre-Dame, et de plus identifie de manière erronée « Berta » comme l'épouse du comte

impossible de savoir comment se profilait le monument d'origine puisque aucune fouille archéologique n'a été réalisée jusqu'à ce jour à l'emplacement de l'hôtel-Dieu[7]. Les bases et les chapiteaux de colonnettes découverts lors des travaux de démolition, et que Lucien Merlet a datés du XIᵉ siècle, proviennent sans doute des premières fondations de l'hôtel-Dieu. Les colonnettes quant à elles ne sont aucunement mentionnées dans les inventaires des musées chartrains, ce qui nous amène à nous demander si elles furent conservées et, si elles ont survécu, où elles se trouvent. Il est certain que l'hôtel-Dieu fut endommagé lors de l'incendie de 1134 qui détruisit presque toute la ville de Chartres. Une notice nécrologique nous apprend que Bernard, sacristain de la cathédrale à cette époque, fit reconstruire à ses frais les sections endommagées par le feu[8]. Tous les bâtiments qui occupaient le site de l'hôtel-Dieu furent à nouveau endommagés par un second incendie qui détruisit la cathédrale en 1194. Le principal bâtiment hospitalier, la Salle Saint-Côme, fut partiellement reconstruit au début du XIIIᵉ siècle, soit à l'époque où la cathédrale renaissait de ses cendres. Des sections anciennes furent alors incorporées à la nouvelle construction. Le développement de l'hôtel-Dieu se fit en plusieurs étapes. À cette époque, il devait être plus petit que ce qu'il était devenu au milieu du XIXᵉ siècle, soit l'équivalent de la Salle Saint-Côme et d'une partie de la cour qui s'étendait du côté ouest. Aux environs de 1320, le site fut agrandi pour rejoindre la rue Percheronne. Au milieu du XIXᵉ siècle l'extrémité ouest de l'hôtel-Dieu se trouvait donc au-delà des limites du terrain qui fut donné par la comtesse Berthe. Un oratoire fut construit à cet endroit[9]. Il devait se rattacher d'une certaine manière à la

travée est de la Salle Saint-Côme et avait peut-être été construit en supplément de la chapelle de l'hôpital. Le développement de l'hôtel-Dieu se poursuivit en plusieurs étapes. À la fin du XVIIIᵉ siècle, la façade est, avec ses deux murs pignons, dont l'un appartenait à la Salle Saint-Côme, donnait sur le cloître sud. Les murs pignons furent démolis en 1802-1803 pour faire place à une nouvelle façade néo-classique[10].

Les hôtels-Dieu ont connu une transformation constante, à la fois comme institution et comme ensemble architectural, de la fin du Moyen Âge jusqu'au XIXᵉ siècle[11]. Un plan annoté de l'hôtel-Dieu de Chartres publié en 1857 souligne les changements apportés aux bâtiments d'origine et nous aide à mieux comprendre les aspects fonctionnels inhérents à cet ensemble architectural[12]. Nous reconnaissons qu'en l'absence de relevés archéologiques, des pans importants de son histoire nous échappent et que sa reconstitution s'avère complexe. Cependant, des détails pour le moins intéressants furent observés au moment des travaux de démolition sur des fragments provenant de la Salle Saint-Côme[13]. Bien que l'hôtel-Dieu fût pourvu de pièces utilitaires, soit une cuisine, un lavoir ainsi que des chambres pour loger les sœurs et les frères hospitaliers, il est évident que la Salle Saint-Côme, avec sa chapelle logée dans la dernière travée à l'est, était le principal bâtiment de l'ensemble. En fait, pour Paul Durand, qui se dévoua entièrement à la sauvegarde de la Salle Saint-Côme, aucune partie de l'hôtel-Dieu, mise à part la Salle Saint-Côme, n'était digne d'intérêt tant au plan historique qu'architectural.

Quelques indices permettent de reconstituer, de façon hypothétique, l'aspect d'origine de la Salle Saint-Côme. Outre les photographies (fig. 3 et 4) et les descriptions du XIXᵉ siècle qui nous ont appris, par exemple, que le plancher fut surhaussé, nous avons pu consulter une partie des dépôts lapidaires de la Salle Saint-Côme. Ceux-ci consistent principalement en cinq colonnes avec leurs chapiteaux et leurs bases. Deux de ces colonnes se trouvent maintenant à proximité de la cathédrale, contre

Eudes Iᵉʳ et sœur du roi d'Arles Conrad, laquelle se maria en secondes noces au roi Robert, mariage qui fut annulé en 1000 par le pape Grégoire V en raison de leurs liens consanguins. Nous ignorons le type de services hospitaliers et charitables qui étaient alors offerts avant cette époque à Chartres. Les lois carolingiennes stipulaient que les cathédrales se devaient de faire œuvre d'hospitalité, mais, comme l'écrivit l'évêque Fulbert au XIᵉ siècle : « Res ecclesie in superfluorum domesticorum vectigatia sic expendere compellebar, ex prava consuetudine predecessorum meorum, ut officium hospitalitatis et elemosyne sicut interest administrare non possim » ; Lépinois et Merlet 1862, p. lxxi, note 2. Merlet 1890, p. v-viii, situe la fondation de l'hôtel-Dieu par la comtesse Berthe autour de 1070, sans fournir d'éléments de preuve.

7. Merlet 1890, p. xii.

8. Merlet 1890, p. xi ; Molinier 1906, p. 46 : « Elemosinam hujus ecclesie post incendium de proprio reedificavit ».

9. L'unique photographie de l'extérieur de cet oratoire tardif conservée à la Bibliothèque municipale de Chartres montre que le deuxième étage était construit de bois et pouvait remonter environ entre les XIVᵉ et XVIIᵉ siècles. L'entrée nord, connue par une gravure

publiée dans Doublet de Boisthibaut 1857, avait peut-être été érigée au XVᵉ siècle, mais en revanche, l'arc en plein-cintre des fenêtres néoclassiques du mur ouest indique que l'oratoire avait subi des transformations considérables, et ce jusqu'au XIXᵉ siècle.

10. Doublet de Boisthibaut 1857 ; la nouvelle façade était construite selon « les plans de Nancy, sous la direction de Goudard, architecte ». Une photographie de cette façade fut publiée : Lacour 1985, p. 159.

11. Craemer 1963.

12. Doublet de Boisthibaut 1857.

13. Particulièrement Durand 1873.

Fig. 6 : Chapiteau : Cathédrale 1
(cl. Henry Stewart Rosenberg).

Fig. 7 : Chapiteau : Cathédrale 2
(cl. Henry Stewart Rosenberg).

Fig. 5 : Deux colonnes d'arcade de la Salle Saint-Côme, maintenant situées contre le mur ouest du bras sud du transept de la
cathédrale de Chartres : Cathédrale 1 et Cathédrale 2
(cl. Henry Stewart Rosenberg).

le mur ouest du bras sud du transept (fig. 5 à 7). Deux autres sont incorporées dans une maison privée à Chartres appelée le Château d'If (fig. 8 à 10) ; celles-ci sont visibles à partir du pont qui traverse l'Eure près du Boulevard de la Courtille. La cinquième colonne fut raccourcie pour servir de base à la Croix Bonnard près d'un terrain de camping (fig. 11 et 12)[14]. Il y a aussi quelques fragments décoratifs en stuc provenant de la chapelle orientale (fig. 14 à 25). Nous nous sommes aussi intéressé au portail

nord d'origine qui aurait, d'après Durand, survécu. Son emplacement d'origine fut malheureusement muré il y a très longtemps, mais des photos anciennes permettent d'apercevoir le sommet de l'archivolte du portail (fig. 3) ; en revanche aucune trace de ce portail n'est perceptible sur les vues intérieures[15] (fig. 4). Durand a noté que « toutes les pierres qui composaient cette porte ont été numérotées et déposées avec soin. On espère pouvoir la reconstruire au devant de l'entrée méridionale de l'église Saint-Brice, près de Chartres[16] ». L'église Saint-Brice est l'ancienne abbatiale Saint-Martin-au-Val qui fut transformée en

_____

14. Bien qu'il nous fût impossible de les voir de près, nous pensons que deux des colonnes de la cathédrale sont demeurées intactes. Celle qui fait partie intégrante de la Croix Bonnard fut raccourcie, alors que les colonnes sur le site de la Courtille furent remodelées à partir de morceaux de colonnes provenant de l'hôtel-Dieu.

_____

15. L'entrée principale avait fort probablement été déplacée à cette époque dans la travée sud-est de la chapelle ; voir figure 2.
16. DURAND 1873, p. 112.

Fig. 8 : *Deux colonnes d'arcade de la Salle Saint-Côme, maintenant incorporées dans le Château d'If du site de la Courtille (cl. Henry Stewart Rosenberg).*

Fig. 10 : *Chapiteau : Courtille 2 (cl. Henry Stewart Rosenberg).*

mentionné par Durand. Il y a bien dans la clôture du chœur de l'église une structure qui peut ressembler à première vue à un portail, mais cette structure ne peut provenir de l'hôtel-Dieu[18]. Premièrement, elle semble trop trapue pour être un portail, et deuxièmement, ses formes ne correspondent pas à celles que l'on voit sur les photos anciennes du portail principal de l'hôtel-Dieu (fig. 3). Celui-ci apparaît sur une estampe du milieu du XIXe siècle (fig. 13), ainsi que sur une photographie (fig. 3). Sur ces deux illustrations, le portail présente un arc brisé et non un arc en plein-cintre et les moulurations sont aussi très différentes de celles qui ornent la structure du chœur de l'église Saint-Brice. Bien que nous n'ayons pu localiser les restes du portail de l'hôtel-Dieu de Chartres, nous demeurons convaincu qu'il est conservé quelque part.

Toutes les sources écrites s'accordent à dire que ce portail était un ouvrage du XIIe siècle, ce que les illustrations viennent confirmer. Il fut probablement intégré à la structure de la Salle Saint-Côme après l'incendie de 1134. Il est probable que quelques murs anciens furent conservés et intégrés dans le nouveau bâtiment qui allait être construit et prendre sa forme définitive lors de la grande campagne de reconstruction de 1194 (fig. 4). C'est peut-être au début du XIIIe siècle, alors que s'activait le chantier de reconstruction, que le portail fut muré, mais tout cela

Fig. 9 : *Chapiteau : Courtille 1 (cl. Henry Stewart Rosenberg).*

hôpital au cours du XIXe siècle[17]. Lors de notre visite de cette église, nous avons d'abord cru avoir trouvé le portail

---

17. Lacour 1985, p. 51-64. L'accès à cette église est maintenant très limité en raison de son délabrement. Elle est interdite aux visiteurs depuis plusieurs années, bien que les bâtiments adjacents servent

toujours d'hôpital. Nous avons enfin pu visiter l'église Saint-Martin-au-Val au cours de l'été 2008 grâce à madame Nadine Berthelier, Conservateur en Chef du Patrimoine du Musée des Beaux-Arts de Chartres, qui nous en a facilité l'accès. Nous tenons d'ailleurs à la remercier pour son aide précieuse.

18. Une photographie de cette structure fut publiée dans Lacour 1985, p. 57.

Fig. 11 : Colonne d'arcade de la Salle Saint-Côme, maintenant
partie constituante de la Croix Bonnard
(cl. Henry Stewart Rosenberg).

Fig. 13 : Le portail principal de l'hôtel-Dieu de Chartres,
estampe de 1867 (Archives de la Société d'histoire
des hôpitaux de Chartres).

Fig. 12 : Chapiteau : Bonnard
(cl. Henry Stewart Rosenberg).

est très hypothétique[19]. Le mur de la travée à gauche du
portail s'ouvrait peut-être par une large rose, ultérieu-
rement murée, dont nous pouvons apercevoir, sur les
photographies anciennes, le cadre circulaire de l'extérieur,
mais non de l'intérieur (fig. 3 et 4).

Au XIIIe siècle, la Salle Saint-Côme était tout à fait
typique des structures hospitalières du Moyen Âge. Son
espace intérieur était divisé en trois nefs couvertes d'une
charpente de bois et haussé d'un second étage servant à
l'entreposage. Une sorte de porche avait peut-être été
construit à l'ouest ; une chapelle, comme nous l'avons

19. Le portail qui fut éventuellement construit dans la travée sud-
est de la chapelle donnait accès au cloître ; une clôture ou une section
murale fut érigée autour ou devant ce portail de manière à préserver
l'intimité de la chapelle (fig. 2).

indiqué antérieurement, s'insérait dans la dernière travée orientale. Ce n'est pas parce qu'elle reçut une charpente de bois au lieu d'une voûte que la Salle Saint-Côme avait été construite à peu de frais. Non seulement cette pratique était courante dans la construction des hôpitaux, mais son usage s'inscrit aussi dans une tradition tout à fait locale. Un exemple de ce type de couvrement dans la nef peut être signalé pour l'église Saint-André à Chartres, laquelle fut construite entre 1134 et 1170 près des berges de la rivière à l'est de l'enclos cathédral[20]. Si l'on exclut la claire-voie, l'intérieur de l'église Saint-André ressemble à celui de la Salle Saint-Côme avec sa charpente et ses arcades sans moulurations posées sur des colonnes faites de pierre de Berchères, matériau qui fut aussi utilisé à l'hôtel-Dieu[21].

Il y a cependant une différence notoire dans la forme des chapiteaux de ces deux édifices. Ceux provenant de la Salle Saint-Côme sont, de toute évidence, plus tardifs et ils s'inscrivent parfaitement dans le corpus de chapiteaux du début du XIIIᵉ siècle[22]. Certains types sont plus communs que d'autres au plan conceptuel et stylistique, bien que des chapiteaux d'un type plus rare, comme par exemple le chapiteau Courtille n° 1 (fig. 9) décoré de fleurs de lys à sa base et aux angles supérieurs, se rattachent à la période entre 1200 et 1235[23]. Nous retrouvons des chapiteaux de type chartrain semblables à ceux de l'hôtel-Dieu dans la nef de l'église Saint-Lomer de Blois, aussi construite au début du XIIIᵉ siècle. Ces chapiteaux, qui sont habituellement comparés à ceux de la cathédrale de Chartres, possèdent plusieurs traits communs avec ceux de l'hôtel-Dieu de Chartres. Une étude plus poussée permettrait peut-être de mieux comprendre les relations qui existent entre ces trois monuments, et entre l'hôtel-Dieu de Chartres et d'autres constructions semblables.

Il est clair qu'après l'incendie de 1194, les travaux de reconstruction à Chartres ne se sont pas limités à la cathédrale. La reconstruction de l'hôtel-Dieu fut sans doute une priorité. L'étude des activités des chantiers de construction au début du XIIIᵉ siècle à Chartres et dans les environs en est à un stade exploratoire, mais peut-être faudrait-il que les chercheurs, dans l'avenir, considèrent

---

20. BRANDON et JUSSELIN 1924; DELAPORTE 1937, p. 104-107; LACOUR 1985, p. 81-93, inclut des photographies et des sources bibliographiques substantielles.

21. Les carrières de Berchères, qui étaient la propriété de l'évêque de Chartres, furent la principale source d'approvisionnement en pierre pour la construction de la cathédrale gothique de Chartres. Ces carrières de Berchères n'ont, à notre connaissance, jamais été sujet d'une étude approfondie.

22. Le thésaurus des chapiteaux à végétaux des XIIᵉ et XIIIᵉ siècles en région parisienne de John James (JAMES 2002) est des plus utiles pour l'étude de ces éléments. Nous avons des réserves quant aux méthodes d'analyse utilisées par J. James et à la validité de son approche qui propose des groupements de chapiteaux par décennies. Malgré les limites de l'approche de J. James, son corpus photographique est un outil très utile pour la comparaison détaillée des chapiteaux du début du XIIIᵉ siècle. Lors d'une communication avec J. James, ce dernier a suggéré, en s'appuyant sur son système de datation, que les chapiteaux les plus anciens de la Salle Saint-Côme devaient remonter aux environs de 1215, alors que les plus récents devaient avoir été taillés après 1230. Un tel écart chronologique pour un édifice de dimension relativement modeste nous force à remettre en question la méthodologie de J. James. Nous remercions J. James pour sa réceptivité à nos divergences d'opinion ainsi que pour sa généreuse collaboration à nos travaux de recherche.

23. Des chapiteaux du début du XIIIᵉ siècle semblables dans leur conception au chapiteau « Courtille 1 » se retrouvent à Champagne-sur-Oise, dans la cathédrale de Paris à l'extrémité ouest de la nef, dans les bas-côtés de la cathédrale d'Amiens, dans la nef de l'église Saint-Jacques à Reims, et au transept de l'église Saint-Quiriace de Provins; voir JAMES 2002, p. 836, 928, 1152, 1273, 1412. Le chapiteau « Cathédrale 1 » (fig. 6) se rapproche de certains chapiteaux du bas-côté du transept nord de la cathédrale de Chartres, de la nef de l'église de Lesges, de l'abside de Montévrain, au niveau de l'arcature aveugle dans l'abside de la cathédrale d'Amiens, au niveau de la claire-voie du chœur de l'église d'Andrésy, dans l'abside de Connigis, dans le bras sud du transept de l'église à Corcy, dans la chapelle sud de l'église de Noisy-le-Grand, et au niveau de la claire-voie au chevet de Villers-Saint-Paul; voir JAMES 2002, p. 770, 887, 1231, 1332, 1341, 1376, 1377, 1410, 1459. Le chapiteau « Cathédrale 2 » (fig. 7) possède certaines affinités avec ceux du triforium du déambulatoire de la cathédrale de Chartres, de la nef de Champagne-sur-Oise et de Dourdan, du bas-côté de Bonneval, de l'abside d'Emans, de la Ferrières-en-Brie, de la claire-voie de la nef de la cathédrale de Chartres, du bas-côté nord de la nef de Saint-Père à Chartres, de la façade ouest de Bagneux, du chevet de Bussy-Saint-Martin, et du déambulatoire de la cathédrale de Beauvais; voir JAMES 2002, p. 784, 835, 859, 586, 862, 867, 986, 1055, 1168, 1178, 1318. Le chapiteau « Bonnard » (fig. 12) est comparable à ceux du triforium d'Orbais, de la galerie occidentale de Mantes-la-Jolie, de la nef de Coulommiers-la-Tour, des fenêtres hautes de la nef de Moisenay, de Sucy-en-Brie, du triforium dans la nef de la cathédrale de Chartres, de ceux d'un des bas-côtés de l'église de Dourdan, de la nef de Saint-Leu-d'Esserent, du mur occidental de la nef de Saint-Martin d'Étampes, de la nef de Bois-le-Roi, du bas-côté nord de Saint-Père de Chartres, du collatéral nord de l'église d'Ableiges, de l'abside de Bonneil, et du triforium du chœur de La-Chapelle-sur-Crécy; JAMES 2002, p. 549, 661, 662, 666, 736, 763, 780, 858, 951, 952, 955, 990, 1033, 1056, 1166, 1346, 1365, 1368. Enfin, le chapiteau « Courtille 2 » (fig. 10) peut être comparé à ceux de Brie-Comte-Robert, de la partie occidentale de la claire-voie de Mantes-la-Jolie, des arcatures aveugles du chœur de la cathédrale de Reims, du triforium de la nef de Donnemarie, des collatéraux de la nef de Gonesse, du réfectoire de l'ancienne abbaye Saint-Jean-des-Vignes à Soissons, et des voûtes de l'abside de Villers-Saint-Paul; voir JAMES 2002, p. 830, 901, 998, 1077, 1388, 1446, 1460.

davantage tous les bâtiments situés à l'intérieur de l'enclos cathédral et à proximité comme des éléments clefs pour l'étude des facteurs économiques liés à la construction de la cathédrale. Il serait très surprenant, bien que nous ne possédions que très peu de preuves pour le démontrer, que la reconstruction du palais de l'évêque de Chartres et de plusieurs des bâtiments canoniaux n'ait été jugée tout aussi prioritaire que la reconstruction de la cathédrale. En plus de l'hôtel-Dieu, d'autres bâtiments étaient construits à la même époque, à Chartres et dans ses environs. Par exemple, des vestiges de la Maladrerie Saint-Georges de La Banlieue, une léproserie fondée au début du XIIIᵉ siècle et située à proximité de Chartres, nous permettent de voir un autre chapiteau similaire fait de pierre de Berchères[24]. Mentionnons encore des travaux dans l'abbatiale Saint-Père-en-Vallée et la construction de deux couvents à Chartres en 1231, l'un franciscain et l'autre dominicain, ayant bénéficié d'un financement épiscopal. Seule l'étude globalisante de la construction à Chartres au XIIIᵉ siècle permettrait de vraiment bien saisir les aspects financiers et architecturaux liés à la construction de la cathédrale.

Un autre aspect de la Salle Saint-Côme qu'il nous faut considérer est l'espace consacré à la chapelle qui était logée dans la travée orientale. L'utilisation d'un espace à l'intérieur des hôtels-Dieu pour servir de chapelle était d'usage au Moyen Âge[25]. Une relation très intime existait entre les espaces réservés au traitement des patients et celui de la chapelle, et nous pouvons juger de l'importance de cette dernière au sein même de l'hôtel-Dieu de Chartres. Pour bien signaler la présence de la chapelle à l'intérieur de la Salle Saint-Côme, celle-ci reçut une voûte de stuc imitant une voûte d'ogives en pierre. Alors que l'on pourrait penser qu'elles étaient faites de pierre, selon Paul Durand, les voûtes étaient faites à l'origine de stuc moulé plaqué sur la charpente de bois qui couvrait la grande salle. Ce n'est que plus tard, sans doute seulement au XVᵉ ou XVIᵉ siècle, que la travée centrale de la chapelle reçut une voûte de pierre surélevée[26]. Comme les voûtes de stuc étaient identiques aux voûtes de pierre, personne n'a vu, jusqu'à la campagne de démolition des environs de 1867-1868, que des matériaux différents avaient été utilisés dans le voûtement de la chapelle. Deux photographies de

---

24. Pour une photographie de ce chapiteau, voir LACOUR 1985, p. 156.

25. CRAEMER 1963, p. 18-19, inclut une illustration du XVIᵉ siècle montrant une des salles de l'hôtel-Dieu de Paris avec des lits disposés de chaque côté et une chapelle à une extrémité de la salle.

26. DURAND 1973, p. 112.

Fig. 14 : Chapiteau : Espérance et Désespoir (inv. n° 245 ou 246, et inv. n° 247), in situ *(fonds iconographique de la Médiathèque l'Apostrophe, Chartres).*

ces voûtes de stuc *in situ* furent prises vers 1868 (fig. 14 et 15). On peut voir que leurs nervures et tailloirs ne sont pas identiques, mais qu'elles reçurent toutes les deux un décor élaboré mais sans excès, qui reflétait parfaitement la cohabitation des activités d'ordre spirituel et celles d'ordre pratique à l'intérieur même des hôtels-Dieu.

Plusieurs de ces morceaux de stuc figurés sont maintenant conservés au Musée des Beaux-Arts de Chartres. Ils furent donnés au musée par la Société archéologique d'Eure-et-Loir en 1868, mais ils ne furent inventoriés qu'en 1904 de la façon suivante :

Originaux, en plâtre polychromé, provenant de la chapelle dite des Fiévreux, ou salle Saint-Côme (ancien hôtel-Dieu de Chartres).
1141. – Christ bénissant le monde
1135, 1136, 1137 et 1138. – Tétramorphe ailé : saint Mathieu, saint Luc, saint Marc et saint Jean.

Fig. 15 : Chapiteau : bœuf de saint Luc (inv. n° 243),
in situ *(fonds iconographique
de la Médiathèque l'Apostrophe, Chartres).*

1140 et 1148. – Deux clefs de voûte : la première représentant l'Agneau de Résurrection, porté par ses anges, avec têtes saillantes dans les fichus ; la deuxième formée de feuillages.
1145 et 1146. – Nervure des voûtes.
1139 et 1144. – Deux culs-de-lampe terminant les voûtes, représentant, l'un : espoir et désespoir ; l'autre : charité et avarice.
1142 et 1143. – Deux chapiteaux à feuillage.[27]

L'inventaire récent du Musée des Beaux-Arts, qui ne mentionne maintenant qu'une partie de ces morceaux, les présente comme étant des « moulages » et leur attribue des cotes différentes de celles du début du XXᵉ siècle :

238. Clef de voûte : feuillages [1148]
239. Clef de voûte : agneau entre deux anges [1140]
240. Chapiteau : feuillages [1142 ou 1143]

———

27. ANON. 1905, séance du 6 octobre 1904.

*Fig. 16 : Chapiteau : Charité et Avarice (inv. n° 245 ou 246),
photographie ancienne (cl. Musée des Beaux-Arts de Chartres).*

241. Chapiteau : ange de saint Matthieu [1135]
242. Chapiteau : aigle de saint Jean (en 2 morceaux) [1138]
243. Chapiteau : bœuf de saint Luc [1136]
244. Chapiteau : lion de saint Marc [1137]
245. Chapiteau : Vertu ? [1139 ou 1144]
246. Chapiteau : Vertu ? [1139 ou 1144]
247. Partie de chapiteau : Vice [1144]
248. Christ bénissant [1141]
249. Fragment d'ogive [1145 ou 1146][28]

Il semblerait que trois dépôts lapidaires qui apparaissaient dans l'inventaire de 1904 ne fassent plus partie des collections du musée. Un chapiteau à feuillage (cote d'inventaire 1142 ou 1143) ainsi qu'un morceau d'ogive

———

28. Tous ces dépôts lapidaires sont maintenant remisés dans le Hangar 16. Nous tenons à nouveau à remercier Nadine Berthelier, Conservateur en chef du Musée des Beaux-Arts, de nous avoir permis l'accès à l'inventaire du musée. Nous avons récemment pu obtenir des photographies anciennes de ces morceaux, ainsi que de nouveaux clichés photographiques pour illustrer le présent article. Nous n'avons malheureusement pu obtenir de nouveaux tirages photographiques du chapiteau avec l'aigle de saint Jean (inv. n° 242) et du fragment d'ogive (inv. n° 249), en revanche, nous avons reçu une photographie ancienne représentant le chapiteau de saint Jean avec les deux chapiteaux à feuillage inventoriés en 1904.

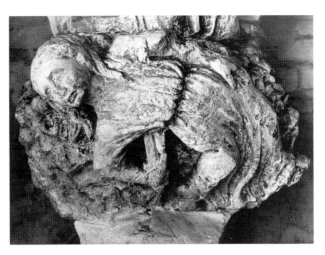

Fig. 18 : Détail de la fig. 14 : Désespoir (inv. n° 247), photographie ancienne (cl. Musée des Beaux-Arts de Chartres).

Fig. 17 : Détail de la fig. 14 : Espérance (inv. n° 245 ou 246), photographie de 2009 (cl. Musée des Beaux-Arts de Chartres).

Fig. 19 : Buste de Christ bénissant (inv. n° 248), photographie de 2009 (cl. Musée des Beaux-Arts de Chartres).

(cote d'inventaire 1145 ou 1146) seraient manquants[29]. La troisième pièce provenant de la chapelle de l'hôtel-Dieu et qui apparaissait aussi sur l'inventaire de 1904 est une «piscine en pierre à deux compartiments[30]». Il fut impossible de localiser ces pièces dans les collections du musée.

Au moment de la démolition, seul deux culots décorés de sujets allégoriques étaient toujours en place dans la travée de gauche, soit au nord. Ces culots recevaient la retombée des voûtes à l'entrée de la chapelle, celui à gauche illustrant l'Espérance et le Désespoir, et celui de droite illustrant la Charité et l'Avarice[31] (fig. 16). Une photographie des allégories de l'Espérance et du Désespoir fut prise *in situ* (fig. 14), mais ces figures, autrefois superposées pour symboliser le triomphe de l'Espérance sur le Désespoir, sont maintenant séparées (fig. 17 et 18). Du côté sud, presque tout le programme iconographique était

toujours en place au moment de la démolition. Un Christ en buste décorait le sommet de l'arc formeret du mur est (fig. 19) et la clef de voûte était décorée d'un Agnus Dei supporté par deux anges et entouré de quatre têtes (fig. 20). Enfin, les quatre culots recevant les nervures étaient décorés des symboles des Évangélistes (fig. 21 à 24). Les photographies prises avant démolition montrent que le taureau de saint Luc était toujours en place (fig. 15). Deux chapiteaux et une clef de voûte à végétaux (fig. 24 et 25) ont aussi survécu au pic des démolisseurs, mais nous ne pouvons établir leur provenance exacte faute d'information quant à leur emplacement. Ils accompagnaient peut-être les chapiteaux allégoriques de la travée nord. Enfin, une dernière

---

29. Le chapiteau à feuillage manquant est illustré sur une photographie ancienne (fig. 24).

30. ANON. 1905, p. 453.

31. On trouvera un esquisse du plan de la chapelle indiquant l'emplacement de la sculpture figurée aux AD d'Eure-et-Loir, 1 J 1058 (1867).

*Fig. 20 : Clef de voûte : Agnus Dei entre deux anges
et quatre têtes (inv. n° 239), photographie de 2009
(cl. Musée des Beaux-Arts de Chartres).*

*Fig. 22 : Chapiteau : lion de saint Marc (inv. n° 244),
photographie ancienne (cl. Musée des Beaux-Arts de Chartres).*

*Fig. 21 : Chapiteau : bœuf de saint Luc (inv. n° 243),
photographie de 2009 (cl. Musée des Beaux-Arts de Chartres).*

*Fig. 23 : Chapiteau : ange de saint Matthieu (inv. n° 241),
photographie ancienne (cl. Musée des Beaux-Arts de Chartres).*

pièce mérite aussi d'être mentionnée ; il s'agit d'un morceau provenant d'une nervure[32].

La voie que nous avons empruntée pour l'étude de ces dépôts lapidaires est parsemée d'obstacles. Nous n'avons pu trouver aucun autre exemple de sculpture de stuc moulé en France datant de la même époque. Cela n'est pas étonnant puisque l'étude de ce type de matériau a été complètement ignorée jusque très récemment, une situation que Christian Sapin a dénoncée dans son catalogue d'exposition sur la sculpture de stuc médiévale en France présentée à Poitiers en 2004[33]. Cette exposition, intitulée fort pertinemment *Le stuc. Visage oublié de l'art médiéval*, rassembla des exemples datant de l'Antiquité jusqu'au XIIe siècle. L'auteur ignorait-il qu'il existe en France des exemples du XIIIe siècle ? Pourtant, nous savons qu'un grand nombre de fragments de stuc datés du XIIIe siècle a survécu en Allemagne[34]. Jill Caskey, historienne de l'art médiéval de l'université de Toronto, s'est récemment penchée sur l'utilisation du stuc dans l'architecture gothique en Italie. Elle a trouvé un titre plutôt original pour ce type d'usage, le qualifiant de «gothique liquide[35]». L'utilisation du stuc dans l'architecture gothique en France mériterait certainement plus d'attention, aussi nous considérons que les vestiges de l'hôtel-Dieu de Chartres devraient être reconnus comme des éléments essentiels à l'étude de l'utilisation de ce type de matériau au Moyen Âge. Nous aimerions aussi ajouter que l'appellation «moulages» que l'on retrouve dans l'inventaire du Musée des Beaux-Arts de Chartres en relation à ces pièces devrait être revue de manière à mieux refléter les qualités de ces œuvres de stuc qui sont des créations originales.

L'utilisation du stuc semble avoir été assez répandue à Chartres, et c'est ce qui nous porte à croire qu'une étude systématique de ce type de matériau devrait être entreprise. Nous avons eu la chance de voir dans les bureaux de Gilles Fresson, attaché de coordination auprès du recteur de Chartres, deux morceaux de sculpture en stuc du XIe siècle très peu documentés, et qui furent découverts dans la crypte de la cathédrale près du puits des Saints-Forts[36] (fig. 26 et 27). Ces morceaux de stuc, tout aussi importants que ceux

de l'hôtel-Dieu, sont peut-être en fait les seuls éléments décoratifs ayant survécu de la basilique de Fulbert.

L'étude chronologique, stylistique et iconographique comparée des stucs de l'hôtel-Dieu de Chartres s'est avérée très difficile en raison de la rareté des exemples de même type et de la même époque, et pour cette raison nous avons dû nous tourner vers des œuvres de pierre. Il fut ainsi possible de faire des rapprochements iconographiques avec des morceaux provenant du jubé de la cathédrale de Chartres datant des environs de 1220 à 1230[37]. Un de ces morceaux est décoré d'un quadrilobe contenant un Agnus Dei entouré des symboles des Évangélistes, sur le principe des chapiteaux de l'hôtel-Dieu[38] (fig. 21 à 24). Une clef de voûte avec un Agnus Dei entouré de quatre anges malheureusement endommagés reprend de façon similaire le modèle de la clef de voûte figurée de l'hôtel-Dieu[39] (fig. 20). Nous n'avons pu établir de rapprochements avec l'iconographie de l'Espérance et du Désespoir, ou de la Charité et de l'Avarice, mais Mallion a associé l'imagerie animalière décorant les morceaux du jubé de la cathédrale aux vices et vertus[40].

En termes de style, ces œuvres sont néanmoins très différentes, et les végétaux qui ornent les chapiteaux provenant du jubé sont traités de façon plus réaliste, par comparaison aux petits crochets qui surgissent au sommet du culot de l'hôtel-Dieu (fig. 14 et 17) et aux végétaux de types variés qui s'observent sur les deux chapiteaux à feuillage[41] (fig. 24). Le style des figures du jubé diffère aussi considérablement de celui des fragments provenant de l'hôtel-Dieu, lesquels, dans l'ensemble, présentent des drapés beaucoup plus simples et manquant de souplesse. Les anges entourant l'Agnus Dei sur la clef de voûte de l'hôtel-Dieu (fig. 20) possèdent, cependant, des affinités avec un ange en relief provenant du jubé[42]. D'autre part,

---

32. Au printemps 2009, le Musée des Beaux-Arts de Chartres n'avait pas à sa disposition de photographies pour tous ces dépôts lapidaires, et aucun de ces vestiges de l'hôtel-Dieu n'était accessible aux chercheurs. Nous avons récemment pu obtenir quelques photographies de ces dépôts, mais trop tard pour pouvoir les analyser avec soin avant publication du présent article.

33. SAPIN (dir.) 2004.

34. GRZIMEK 1975.

35. CASKEY 2008.

36. Nous tenons à remercier personnellement M. Fresson pour son hospitalité et sa généreuse collaboration lors de notre passage à Chartres.

37. MALLION 1964. L'écart stylistique avec les morceaux provenant du jubé de la cathédrale est tel qu'il ouvrit la voie à de multiples interprétations. Tout comme Mallion, WILLIAMSON 1995, p. 47, date tous ces morceaux des environs de 1220 et 1230. SAUERLÄNDER 1972, p. 438-440, cependant, situe la datation de certains morceaux autour de 1230 ou de 1240.

38. Illustré dans MALLION 1964, p. 171.

39. Illustré dans MALLION 1964, p. 166.

40. MALLION 1964, p. 170-174.

41. On peut le comparer au chapiteau à végétaux du jubé illustré dans MALLION 1964, p. 111-112. Les tailloirs polygonaux des chapiteaux de l'hôtel-Dieu sont cependant semblables à ceux de quelques-uns des chapiteaux du jubé.

Fig. 24 : Trois chapiteaux : aigle de saint Jean (inv. n° 242) ;
en haut, chapiteau à feuillage (inv. n° 240) ; à gauche,
chapiteau à feuillage (maintenant disparu), photographie
ancienne (cl. Musée des Beaux-Arts de Chartres).

Fig. 25 : Clef de voûte : feuillages (inv. n° 238), photographie
de 2009 (cl. Musée des Beaux-Arts de Chartres).

le buste du Christ (fig. 19) semble avoir été modelé d'après le Beau Dieu du trumeau du porche sud de la cathédrale de Chartres[43], mais si c'est le cas, nous devons admettre que le modèle a été réinterprété par un artiste doté d'une sensibilité artistique bien différente. Nous aimerions proposer une autre comparaison stylistique plus concluante, cette fois-ci entre les chapiteaux allégoriques (fig. 14 et 16 à 18) et des vestiges de l'ancien couvent des Dominicains de Chartres, datés de 1231. Bien que ce bâtiment ait été presque entièrement démoli, une de ses chambres voûtées d'ogives a survécu. Nous pouvons voir sur ses deux clefs de voûte une Annonciation et une Crucifixion dont le style s'éloigne

passablement de celui du jubé de la cathédrale. Or, les figures trapues dont les vêtements sont soulignés de plis très sèchement taillés se rapprochent clairement de celles qui décoraient l'hôtel-Dieu[44]. Il semble que les sculpteurs qui modelèrent ces pièces étaient à l'affût des divers courants stylistiques. Ces sculptures de stuc ont donc pu être réalisées par un atelier spécialisé dont les artisans empruntèrent des modèles aux ateliers de sculpteurs œuvrant dans la ville de Chartres à la même époque, tout en adaptant ces modèles avec une touche d'originalité. Le caractère stylistique bien particulier de ces sculptures de stuc peut aussi résulter, dans une certaine mesure, du matériau utilisé, le stuc, qui se travaille de façon très différente de la pierre.

Les récentes photographies en couleur de ces sculptures de stuc du Musée des Beaux-Arts de Chartres permettent de constater qu'elles ont gardé une partie de leur polychromie d'origine. Il s'agit d'un élément de recherche fort important puisqu'il s'inscrit dans l'axe d'étude qui valorise, depuis tout récemment, la polychromie dans la sculpture et l'architecture médiévales. Une couleur sombre fut appliquée sur les surfaces autour des végétaux des deux chapiteaux à feuillage (fig. 24), ainsi que sur la clef de voûte à feuillage (fig. 25). Les surfaces du buste du Christ (fig. 19) et d'autres clefs de voûte (fig. 20) possèdent aussi plusieurs traces de polychromie, particulièrement sur les éléments figurés. Les cheveux ont été peints en brun, alors que les manches et le col de la tunique du Christ ont été soulignés à l'aide

42. Illustré dans MALLION 1964, p. 179.
43. Illustré dans SAUERLÄNDER 1972, pl. 209.

44. Sur les restes du couvent des Dominicains de Chartres, avec des photographies des clefs de voûte, voir LACOUR 1985, p. 112-113.

Fig. 26 : Fragment en stuc de la crypte de la cathédrale de Chartres (cl. Henry Stewart Rosenberg).

Fig. 27 : Fragment en stuc de la crypte de la cathédrale de Chartres (cl. Henry Stewart Rosenberg).

d'une peinture jaune. L'intérieur du nimbe du Christ semble avoir été peint en bleu, et le vert est peut-être aussi présent. La polychromie de ces pièces mériterait une analyse technique approfondie.

Si nous pouvions rassembler toutes les sculptures chartraines qui existent et les étudier de façon systématique en fonction de leur développement chronologique, il serait possible de tirer des conclusions intéressantes sur le style et la datation de ces dépôts de stuc, mais pour le présent, il est permis de dater ces voûtes de stucs du début du XIIIᵉ siècle, probablement des environs de 1220 à 1230. L'iconographie reprenait peut-être celle du jubé de la cathédrale, mais le style se rapprochait de celui des éléments sculptés de l'église des Dominicains de Chartres.

Bien que l'hôtel-Dieu de Chartres ait été un bâtiment important à l'intérieur de l'enclos cathédral et qu'il devait être directement lié par son administration et ses fonctions à la cathédrale, il est désolant de constater qu'il ait été si peu étudié, et encore davantage, que les vestiges de l'hôtel-Dieu aient été complètement ignorés. L'objectif principal de notre communication visait à souligner l'importance indéniable de ces colonnes et de ces pièces de stuc tombées dans l'oubli. Nous espérons que la diffusion de la connaissance sur ces bâtiments maintenant disparus permettra un jour d'identifier d'autres dépôts lapidaires. Comme nous l'avons déjà dit, il est probable que le portail du XIIᵉ siècle ainsi que les colonnettes du XIᵉ siècle qui avaient été signalées lors des travaux de démolition aient survécu. Les recherches futures permettront peut-être, enfin nous l'espérons, d'associer à l'hôtel-Dieu d'autres fragments conservés au Musée des Beaux-Arts, et qui sait, peut-être même des colonnes et chapiteaux du début du XIIIᵉ siècle provenant de la Salle Saint-Côme, qui auraient été, semble-t-il, acquis par des collectionneurs privés des environs de Chartres.

Bibliographie

ANON.
1905, « Des entrées d'objets [dans le Musée des Beaux-Arts] depuis juillet », *Procès-verbaux de la Société archéologique d'Eure-et-Loir*, 11, p. 453-454.

BRANDON R. et JUSSELIN M.
1924, *Églises Saint-André et Saint-Nicolas de Chartres. Relevés de l'état actuel. Études et projet de restauration (1902-1911)*, Paris, Librairie de la construction moderne.

CASKEY J.
2008, « Liquid Gothic : Uses of Stucco in Southern Italy », dans REEVE M. (dir.), *Reading Gothic Architecture*, Turnhout, Brepols, p. 111-122.

CRAEMER U.
1963, *Das Hospital als Bautyp des Mittelalters*, Cologne, W. Kohlhammer.

DELAPORTE Y.
1937, « Note sur la nef de Saint-André », *Procès-verbaux de la Société archéologique d'Eure-et-Loir*, XV (juin), p. 104-107.

DOUBLET DE BOISTHIBAUT F.-J.
1857, « La Salle Saint-Côme de l'hôtel-Dieu de Chartres », *Revue archéologique*, 13/1, p. 33-37.

DURAND P.
1868, « La démolition projetée de la Salle Saint-Côme », *Procès-verbaux de la Société archéologique d'Eure-et-Loir*, 3, p. 257-272.
1873, « L'ancien hôtel-Dieu de Chartres », *Procès-verbaux de la Société archéologique d'Eure-et-Loir*, 4, p. 109-120.

GRZIMEK W.
1975, *Deutsche Stuckplastik, 800 bis 1300*, Berlin, Propyläen.

JAMES J.
2002, *The Creation of Gothic Architecture, an Illustrated Thesaurus : The Ark of God. Part A : The Evolution of Foliate Capitals in the Paris Basin 1170 to 1250*, 2 vol., Hartley Vale, Australie, West Grinstead Publishing.

LACOUR J.
1985, *Chartres. Églises et chapelles*, Chartres, Société archéologique d'Eure-et-Loir.

LAURENT J.
1987, « Chartres : Le cloître Notre-Dame. Observations archéologiques », *Bulletin de la Société archéologique d'Eure-et-Loir*, 14, n° 4, p. 5-12.

LECOCQ A.
1868, « Communication sur des photographies de l'hôtel-Dieu de Chartres », *Procès-verbaux de la Société archéologique d'Eure-et-Loir*, 3, p. 343-344.

LEFEBVRE A.
1882, *Étude sur la situation financière des hospices réunis de la ville de Chartres*, Chartres, Durand frères.

LÉPINOIS E. DE et MERLET L.
1862, *Cartulaire de Notre-Dame de Chartres*, t. I, Chartres, Société archéologique d'Eure-et-Loir.
1865, *Cartulaire de Notre-Dame de Chartres*, t. III, Chartres, Société archéologique d'Eure-et-Loir.

MALLION J.
1964, *Chartres. Le jubé de la cathédrale*, Chartres, Société archéologique d'Eure-et-Loir.

MERLET L. (dir.)
1890, *Inventaire sommaire des Archives hospitalières antérieures à 1790. Hospices de Chartres*, Chartres, Imprimerie Durand.

MOLINIER A.
1906, *Obituaires de la province de Sens*, t. II, *Diocèse de Chartres*, Paris, Imprimerie nationale.

SAPIN C. (dir.)
2004, *Le stuc : Visage oublié de l'art médiéval* [exposition], Musée Sainte-Croix de Poitiers, 16 septembre 2004-16 janvier 2005, Paris, Somogy - Poitiers, Musées de la ville de Poitiers.

SAUERLÄNDER W.
1972, *Gothic Sculpture in France 1140-1270*, trad. Janet Sondheimer, Londres, Thames and Hudson.

WILLIAMSON P.
1995, *Gothic Sculpture 1140-1300*, New Haven et Londres, Yale University Press.

Dépôts lapidaires de l'ancienne église Saint-Wulphy de Rue (Somme)

Claire LABRECQUE[*]

S UR LA PLACE DU MARCHÉ de la ville de Rue (Somme) s'élevait au début du XIXe siècle l'église paroissiale Saint-Wulphy. Attachée au flanc nord de l'église jusqu'à la démolition de cette dernière en 1827[1], la chapelle du Saint-Esprit (fig. 1), monument remarquable du gothique flamboyant et lieu de pèlerinage majeur de la Picardie, jouxte toujours la place du Marché. D'autres monuments, dont le grand beffroi et la chapelle de l'hospice de Rue, ont mieux traversé le temps que l'église Saint-Wulphy et témoignent de l'effervescence et de la prospérité que connut cette ville autrefois fortifiée.

Les travaux de restauration de la chapelle du Saint-Esprit de Rue, dirigés par l'architecte Vincent Brunelle, se sont terminés en mai 2008. Il aura fallu près de dix années pour que ce monument des environs de 1500 resplendisse à nouveau. Le projet de réinstallation des statues à leur emplacement d'origine sur la façade latérale de la chapelle a fait renaître l'espoir qu'une partie de la collection lapidaire puisse reprendre vie. Vingt et une des vingt-quatre statues qui peuplaient les niches des gros contreforts en façade ont été déposées par les entreprises Charpentier en 1975, et remisées avec des morceaux sculptés provenant de l'église Saint-Wulphy de Rue. Elles constituent à elles seules un segment important de la collection lapidaire de cette église démolie, puis remplacée en 1830 par un nouvel édifice, œuvre de Charles Sordi. Avant d'explorer la collection de dépôts lapidaires de l'église Saint-Wulphy, une brève introduction à l'histoire de cette dernière s'impose[2], de manière à mieux comprendre le développement de l'ensemble architectural et mieux situer les différentes pièces sculptées auxquelles nous allons nous intéresser.

1. Historique de l'église Saint-Wulphy de Rue

Il est difficile d'établir à quand remonte la fondation de l'église Saint-Wulphy de Rue, puisque tous les documents d'archives relatifs à son histoire ont été détruits. D'après les sources anciennes, il semblerait qu'un lieu de culte existait à Rue déjà au VIIe siècle, époque ou saint Wulphy,

---

* Professeur d'histoire de l'art, université de Winnipeg, Canada.
1. L'église Saint-Wulphy fut démolie en raison de son état de détérioration avancé. Sa tour en façade fut touchée par la foudre le 16 octobre 1701 et un incendie se propagea à la toiture de l'église et de la chapelle du Saint-Esprit. Le 22 février 1708, un ouragan s'abattit sur les côtes de la Somme et causa l'effondrement des voûtes de l'église ; SAGUEZ 1908, p. 378.

2. LABRECQUE 2008.

Fig. 1 : Chapelle du Saint-Esprit de Rue, façade nord
(cl. Claire Labrecque, 2008).

évangélisateur et fils spirituel de saint Riquier, exerçait son ministère dans la Somme. Le *De Martyrologio Centulensi*, dans lequel a puisé André du Saussay pour son *Martyrologium Gallicanum*, attribue à saint Wulphy la fondation de la ville de Rue et l'établissement du culte chrétien à cet endroit dès le VIIᵉ siècle de notre ère[3]. Le récit raconte que le saint serait né dans le Ponthieu et qu'il y aurait vécu entre 590 et 643[4]. Il aurait assumé les charges ecclésiastiques à l'église de Rue qui était alors placée sous le vocable du Saint-Esprit[5], et les sources hagiographiques lui attribuent de nombreux miracles. L'authentification des miracles de saint Wulphy eut sans doute un impact considérable sur le pèlerinage dans la région de Rue. À sa mort, en juin 643, son corps fut

déposé à l'ermitage de Regnière-Écluse à la requête des religieux de Centule, avant d'être transféré au monastère de Forest-Montier (Somme) en octobre 645, en échange des restes de saint Riquier réclamés par les moines de Centule. Au Xᵉ siècle, les reliques de saint Wulphy furent déplacées vers Montreuil-sur-Mer par le comte Arnoul de Flandre, sous prétexte de les protéger contre l'invasion normande. Le déplacement vers Montreuil-sur-Mer causa une grande déception chez les Ruens, lesquels durent attendre jusqu'au 28 septembre 1635 avant qu'une partie des reliques du saint fondateur leur soit rendue lors d'une translation solennelle ordonnée par l'évêque d'Amiens, François le Fèvre de Caumartin[6].

Si l'on ne peut avoir la certitude qu'il y eut une église à cet endroit dès le VIIᵉ siècle, il est probable qu'elle existait aux environs de 1100 : les archives de l'église Saint-Wulphy, auxquelles s'est référé le père Ignace au XVIIᵉ siècle, font mention du dépôt du saint Voult dans l'église Saint-Wulphy après sa découverte en 1101[7]. Le saint Voult, plus communément appelé le *Volto Santo* de Rue, était un crucifix reconnu pour ses vertus miraculeuses, taillé, d'après la légende, des mains de Nicodème[8]. L'histoire raconte que ce dernier projeta de réaliser trois images sculptées du Christ en croix devant servir à la prédication. Les crucifix demeurèrent ensevelis quelques siècles dans les ruines de la maison de Nicodème à Jérusalem[9] avant d'être découverts et tous trois transportés et placés dans une barque qui fut jetée à la mer. D'après la légende, les crucifix naviguèrent pendant des années, sans voile ni gouvernail[10].

---

3. Sur la vie de saint Wulphy et les origines de la cure de Rue, nous suggérons au lecteur tout d'abord les sources les plus anciennes que nous avons pu localiser : SAUSSAY 1637 ; aussi, la retranscription de la vie de saint Wulphy d'après l'ouvrage de du Saussay par MALBRANCQ 1636-1639, p. 31-37, 33 et 627 ; l'*Acta Sanctorum*, BOLLAND 1658 ; une copie commentée plus récente de la vie de saint Wulphy est disponible dans *Les petits Bollandistes, vies des saints de l'Ancien et du Nouveau Testament*, par GIRY 1872, t. VI, p. 510-514 ; CORBLET 1874, p. 96-106 ; MARTIN 1636 ; GOSSELIN 1894, p. 17-23 ; BRAQUEHAY 1898.

4. MALBRANCQ 1636-1639 ; BLIER 1855 ; voir aussi la retranscription d'un document manuscrit du père Blier versé aux archives de Rue par Jean-Baptiste Roze en 1810 et dont la copie est conservée aux Archives diocésaines à Amiens, boîte 19, Rue, p. 5 ; GIRY 1872, p. 510.

5. Il s'agit d'une hypothèse émise par J. Sanson qui a peut-être voulu redonner une certaine logique à l'histoire du vocable de l'église ; SANSON 1646, p. 423.

---

6. SANSON 1646, p. 425 et 426.

7. *Per eum moniti Ruguenses cum pompa advolant, & crucifixum collocant in suo templo* ; MALBRANCQ 1636-1639, p. 628 ; SANSON 1646, p. 429.

8. Cette découverte des trois crucifix de Nicodème survient quelques années après la Première Croisade (1095), alors qu'un engouement se développe pour les reliques ramenées de Terre Sainte. L'invention de reliques était alors chose courante en Europe, particulièrement au temps des croisades alors que circulait une foule d'objets qu'il était difficile d'authentifier. Pour Jean-Claude Schmitt, la légende des crucifix miraculeux partant de Jérusalem vers les pays d'Occident fait partie de ce phénomène d'engouement pour les reliques qui prend de l'ampleur dès le XIᵉ siècle ; SCHMITT 1995, p. 241 et 242.

9. Dans cette version de la légende, on attribue la découverte des croix en 327 à sainte Hélène, mère de l'empereur Constantin ; GIRY 1872, p. 513, en note. Cette attribution à l'impératrice Hélène s'inspire sans doute de la légende de l'invention de la sainte Croix par l'impératrice, laquelle légende est tirée, selon Patrick Geary, d'un des plus anciens et des plus influents récits de translation de reliques ; GEARY 1993, p. 32.

10. LESUEUR 1922, p. 258 ; tous les textes sur le *Volto Santo* de Rue publiés avant 1910 furent résumés dans SOYEZ 1910, p. 66-84.

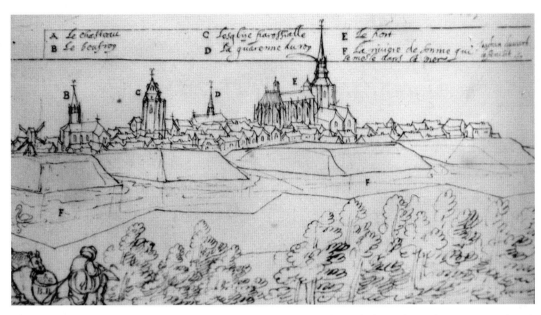

A Le chasteau   C l'esglise paroissialle   E Le fort
B Le beuffroy   D La quarenne du roy   F La riviere de somme qui
                                                                se mesle dans la mer

Fig. 2 : Église Saint-Wulphy, détail d'une vue de la ville de Rue à partir du nord, dessin de Joachim Duwiert, daté de 1611 (collection Lallement de Betz, BnF, cl. n° B 35396).

Le premier crucifix arriva en 782 à Lucques en Toscane, où il est toujours conservé, dans l'église Saint-Martin, et reste sans doute aujourd'hui le plus connu[11]. Le deuxième accosta en 1060 sur la plage de Dives-sur-Mer en Normandie, où il fut semble-t-il détruit par les calvinistes durant les guerres de Religion[12]. Enfin, le troisième atteignit les côtes de Rue le premier dimanche d'août 1101[13]. L'église, s'il y eut une église romane sur ce site, allait devenir, avec la découverte d'un *Volto Santo,* un centre de pèlerinage important du Nord de la France.

Quelques décennies après la découverte du crucifix miraculeux, le pèlerinage à Rue devait attirer des foules de pèlerins, ce qui eut sans doute pour effet de forcer une réorganisation de la paroisse et de l'église. Les archives consultées par l'abbé Saguez nous apprennent qu'en 1207 l'évêque d'Amiens, Richard Gerberoy, procéda à cette réorganisation : Rue ne comptait plus dès lors une mais quatre cures, deux pour la paroisse Saint-Wulphy, celles de Saint-Wulphy et du Saint-Esprit, et deux autres en banlieue de Rue, à Notre-Dame de Beauvoir-Lannoye et à Saint-Jean-aux-Marais[14]. Cette réorganisation en quatre cures, ainsi que la présence d'au moins deux hospices

dans la région[15], renforcent l'hypothèse que la ville connût sans doute une croissance importante de sa population vers 1200, et d'autre part une augmentation de la fréquentation de l'église par les pèlerins.

2. Reconstitution de l'église Saint-Wulphy

Conséquence directe de l'affluence grandissante de ces pèlerins à Rue, il fallut sans doute agrandir l'église dès la seconde moitié du XIIe siècle afin de pouvoir accueillir davantage de fidèles. Des modifications et des ajouts contribuèrent à donner à l'église l'aspect d'une cathédrale à échelle réduite, comme en témoignent les dessins et gravures anciennes réalisés par les artistes de passage sur les côtes de la Somme (fig. 2). Un seul dessin de l'intérieur, difficilement exploitable, subsiste. Il s'agit d'une élévation du chœur rapidement esquissée par Antoine-Michel Goze lors d'une visite en vue de la démolition dans le premier quart du XIXe siècle (fig. 3)[16]. En l'absence de fouilles

---

11. Sur l'histoire du crucifix de Lucques, voir PEDICA 1960.

12. LESUEUR 1922, p. 256, en note ; SANSON 1646, p. 429 ; l'an 1001 est suggéré par LOUANDRE 1845, p. 287.

13. Selon la chronique locale d'août 1101 ; CASSEL 1989, p. 2.

14. SAGUEZ 1908, p. 321.

---

15. Il y avait autrefois un hospice pour les pèlerins malades à Lannoye-lès-Rue, en plus de l'hôtel-Dieu qui existe toujours au cœur de la ville de Rue et dont la fondation remonte à l'an 1186 ; GOSSELIN 1894, p. 100-102.

16. Le dessin original de Goze est conservé à la Bibliothèque municipale d'Abbeville, ms 822, fol. 90. Léon Aufrère en a esquissé les grandes lignes dans son article sur l'église Saint-Wulphy. Nous nous sommes servie de son croquis pour illustrer notre article ; AUFRÈRE 1924, p. 482.

Fig. 3 : Croquis de l'élévation du chœur de l'église Saint-Wulphy par Léon Aufrère d'après le dessin de Goze, début du XIXᵉ siècle (AUFRÈRE 1925, p. 482).

Fig. 4 : Église Saint-Wulphy (A), détail d'une vue de la ville à partir du sud, par Claude Chastillon, vers 1616 (Topographie française ou représentation de plusieurs villes, bourgs, châteaux, maisons à plaisance, remises et vestiges authentiques du royaume de France, 1641).

Fig. 5 : Église Saint-Wulphy, détail d'une vue de la ville à partir du sud-ouest, gravure au burin par Jacob Peeters d'après un dessin de Matthäus Mérian, vers 1646 (collection Claire Labrecque).

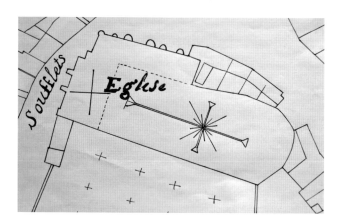

Fig. 6 : Plan cadastral de l'église Saint-Wulphy et des bâtiments environnants. Dessin calqué d'après un plan cadastral napoléonien de Daullé & Sauvage, AD Somme, 3 P 1462/14 (dessin Claire Labrecque).

archéologiques, il est impossible de déterminer avec certitude les limites exactes et les formes du bâtiment, et de dater très précisément les différentes parties de l'ensemble architectural. Quelques rares documents peu détaillés permettent toutefois de proposer une reconstitution : des vues de la ville de Rue au XVIIᵉ siècle (fig. 2,

4 et 5) ; un plan cadastral napoléonien de l'église (premier quart du XIXᵉ siècle) dessiné par Daullé et Sauvage[17] (fig. 6) ; une reconstitution hypothétique à l'échelle de

---

17. Léon Aufrère a inclus une esquisse de ce plan maintenant conservé aux Archives départementales de la Somme (dossier Rue, cote 3 P 1462/14) dans son article sur l'église Saint-Wulphy, mais comme le plan n'est pas daté, nous supposons qu'il a pu être dessiné par l'architecte départemental de la Somme, Natalis Daullé, lequel était actif dans la région dans le premier quart du XIXᵉ siècle ; AUFRÈRE 1924, p. 438 et 490.

Fig. 7 : Élévation de la tour de l'église Saint-Wulphy, dessin de Marchant de Saint-Albin, daté du 24 avril 1827 (cl. AD Somme, 99 O CP 3314).

Fig. 8 : Reconstitution de l'église Saint-Wulphy par Albert Siffait de Montcourt, huile sur toile, vers 1889, collection particulière (cl. Claire Labrecque à partir d'une affiche, ville de Rue).

l'église par Léon Aufrère à partir du plan cadastral napoléonien ; quelques dessins du XIXᵉ siècle représentant la grosse tour de l'église, dont un par Marchant de Saint-Albin[18] (fig. 7), et enfin une peinture d'Albert Siffait de Moncourt des environs de 1889 inspirée d'une esquisse de la tour par Oswald Macqueron (fig. 8)[19]. Nous nous sommes enfin référée à l'essai de reconstitution de Florentin Lefils, lequel a puisé ses informations dans un texte du XVIᵉ siècle écrit par un certain Mesnière[20]. En associant le plan cadastral aux sources de Mesnière,

Florentin Lefils a établi que Saint-Wulphy avait une nef flanquée de bas-côtés simples. L'église devait faire environ 24 m de largeur, en incluant la chapelle du Saint-Esprit du côté nord[21], et plus de 57 m de longueur en incluant la grosse tour en façade. Elle comportait huit travées ; sa nef était rattachée à un chœur à déambulatoire qui se terminait peut-être en hémicycle. Une description des ruines de Saint-Wulphy par le professeur Raymond, en février 1819, nous apprend que des sections murales de la nef étaient construites en « cailloux roulés » et en brique et qu'elles étaient percées de fenêtres en plein-cintre qui avaient été raccourcies pour mieux résister aux forts vents de la mer. Raymond note que les colonnes engagées des chapelles au pourtour du chœur, ainsi que les colonnes de la nef, dont certaines étaient « groupées » (celles-ci pouvaient être fasciculées ou cantonnées), avaient toutes des chapiteaux sculptés. Les colonnes du chœur supportaient une voûte très haute qui portait toujours, lorsque le professeur Raymond visite l'église, une inscription indiquant « le règne de Louis XII », soit de la fin du XVᵉ siècle ou du début du XVIᵉ siècle. En conclusion,

18. Cette tour faisait plus de 44 m de hauteur selon les calculs de l'ingénieur Sordi.

19. Macqueron aurait copié, le 26 août 1850, un dessin d'Aimé Duthoit réalisé avant la démolition de la tour et après celle de l'église Saint-Wulphy. Aussi avons-nous utilisé cette peinture avec une réserve puisque Siffait de Montcourt n'a sans doute jamais vu l'église d'origine. La peinture d'Albert Siffait de Montcourt est conservée dans une collection particulière, mais elle fut présentée lors d'une exposition sur l'œuvre de cet artiste picard au Musée Boucher-de-Perthes en 2003 ; BÉGUERIE-DE PAEPE 2003, p. 22. L'esquisse de la tour par Macqueron est disponible aux Archives de la Bibliothèque municipale d'Abbeville, collection Oswald et Henri Macqueron, cote Rue.19.

20. Nous n'avons malheureusement pu localiser ce document ; LEFILS 1860, p. 250.

21. AUFRÈRE 1924, p. 460, 461.

Raymond a daté une grande partie de l'église du XIIᵉ siècle[22].

Si nous ne retenons que les éléments qui se retrouvent sur chacune des vues anciennes de la ville et faisons abstraction des variantes qui les distinguent, nous pouvons établir que l'église avait une nef raccordée à un chœur surhaussé (fig. 2, 4 et 5), et que des gâbles s'élevaient au-dessus des fenêtres hautes du chœur sur le principe de ceux du chevet de la cathédrale d'Amiens. Nous ne pouvons préciser davantage l'aspect de l'église Saint-Wulphy, mais il semble qu'elle était une œuvre composite : une nef et un chœur construits au XIIᵉ siècle, peut-être en deux phases successives, des chapelles et autres annexes ajoutées postérieurement (entre le XIIIᵉ et le XVIᵉ siècle), et une voûte des environs de 1500 dans le chœur. Heureusement, l'existence de dépôts lapidaires tout à fait remarquables permet de contrôler ces hypothèses.

2.1. Colonnettes du chœur

Les plus anciens dépôts lapidaires consistent en sept colonnettes monolithes, dont deux sont brisées et n'ont plus leurs chapiteaux (fig. 9 et 10). Ces colonnettes d'une hauteur de 1,46 m[23] proviennent sans doute du triforium du chœur de l'église[24]. Le croquis de l'élévation du chœur réalisé par Antoine-Michel Goze (fig. 3) représente les grandes arcades trapues, mais cela s'explique par le fait que Goze avait la vue partiellement obstruée par la clôture du chœur. Nous avons redessiné son croquis en corrigeant les distorsions (fig. 11), ce qui permet d'avoir une assez bonne idée de l'aspect du sanctuaire. Les travées sont séparées par des piles circulaires portées très haut, dans l'esprit de nombreuses

Fig. 9 : Colonnette provenant du triforium du chœur de l'église Saint-Wulphy (cl. Claire Labrecque, 2007).

Fig. 10 : Base d'une colonnette provenant du triforium du chœur de l'église Saint-Wulphy (cl. Claire Labrecque, 2007).

églises de Belgique, ainsi à l'ancienne cathédrale Saints-Michel-et-Gudule à Bruxelles (après 1220). On peut voir le sommet des grandes arcades surmonté d'un triforium ouvrant sur le chœur par une arcature en plein-cintre qui repose sur des colonnettes, le tout terminé par des fenêtres hautes en plein-cintre au rythme de deux baies par travée, sur le modèle des fenêtres

---

22. RAYMOND 1819, p. 309.

23. Les dimensions de chaque section de colonnes sont : fût, 94 cm ; chapiteau : corbeille, 24 cm, tailloir, 3 cm, astragale, 3 cm ; base, 22 cm.

24. Jusqu'à tout récemment, nous n'avions pu consulter qu'une photographie ancienne (XIXᵉ siècle ?) de quatre de ces colonnettes brisées. Cette photographie aurait été prise dans le jardin du château du Broutel à Rue où elles avaient été placées lors de la démolition de l'église. Le Service de la Conservation régionale des Monuments historiques à Amiens (dossier *Rue*) et les archives de la Bibliothèque municipale d'Abbeville (collection Macqueron, cote Rue.44) conservent un exemplaire de cette photographie, qui fut aussi publiée dans l'article de l'abbé Saguez ; SAGUEZ 1908, p. 382. Nul doute que le transfert des colonnettes dans la trésorerie basse de la chapelle du Saint-Esprit facilitera la tâche des chercheurs qui se pencheront sur ce monument et sur l'architecture dans la Somme.

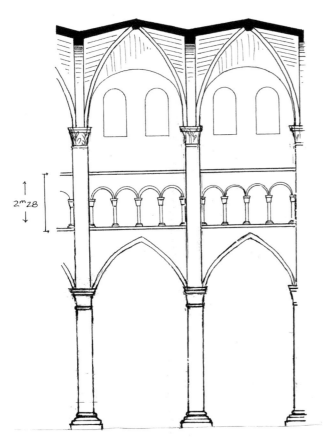

2ᵐ28

Fig. 11 : Reconstitution de l'élévation du chœur de l'église Saint-Wulphy d'après Goze (dessin Claire Labrecque, 2006).

jumelées du chœur de la cathédrale de Sens[25] (v. 1145-1164), traitement des fenêtres hautes qu'on ne voit guère avant la seconde moitié du XIIᵉ siècle.

Le style des chapiteaux de ces colonnettes se rattache aussi à la seconde moitié du XIIᵉ siècle. Les chapiteaux ont des astragales toriques et les corbeilles sont décorées de feuilles lisses simplifiées stylisées du type « feuille généralisée », et l'on peut les rapprocher de la première flore gothique (v. 1140-1170). Ils ont des affinités avec quelques chapiteaux se trouvant dans les tribunes du chœur de la cathédrale de Noyon (1150-1157)[26], mais encore davantage avec ceux des églises picardes de Monchy-Lagache (chœur), vers 1160[27], et de Saint-Nicolas de Bray-sur-Somme (chœur), datés de la fin du XIIᵉ siècle et qui sont très semblables à ceux des colonnettes

de l'église Saint-Wulphy[28]. Autre élément important pour la datation de ces colonnettes, leurs bases et leurs fûts ont été taillés à l'aide d'un outil à lames dentées, alors que les chapiteaux, dont les surfaces sont nettement plus lisses, semblent avoir été taillés avec un outil à lame droite. Comme l'a rappelé Delphine Lemire, l'association timide de ces deux types d'outil pour la taille de pierre apparaît en Picardie dans le rond-point de la cathédrale de Noyon (vers 1145) et celle de Laon au milieu du XIIᵉ siècle, mais, dans ces deux cas, les outils à lames dentées (taillant bretté) furent utilisés seulement pour la taille des parties inférieures des éléments de support[29]. Ici, ils furent employés sur toute la longueur des fûts des colonnettes, sur le principe de celles des arcatures aveugles du déambulatoire de la cathédrale de Sens dont les tambours furent taillés à l'aide d'outils à lames dentées vers 1145-1155[30]. En combinant tous ces éléments, la mise en place de ces colonnettes peut être située entre 1150 et 1165, datation qui pourrait être retenue pour la construction du chœur de l'église Saint-Wulphy.

2.2. Christ du portail dans la tour en façade

Le dépôt lapidaire que nous aimerions maintenant considérer est un morceau sculpté d'une très belle qualité. Il s'agit d'un fragment de pierre calcaire mesurant 42 cm de largeur à la base et 48 cm de hauteur, qui proviendrait du tympan d'un des portails logés à la base de la tour de l'église (fig. 12). Les dessins de cette tour par Goze nous renseignent très peu sur l'aspect des portails en façade ouest. Nous ne voyons sur le dessin de Marchant de Saint-Albin (fig. 7) que deux petits portails avec tympans en tiers-point. Les tympans étaient supportés par des linteaux qui trouvaient appui directement sur les colonnettes des ébrasements. Or, le dossier de restauration de la chapelle du Saint-Esprit conservé à Amiens renferme un document concernant la conservation de la tour signé par Marchant de Saint-Albin en 1827, qui nous permet de croire qu'il y avait un portail beaucoup plus important que ceux apparaissant sur le dessin. Lors des discussions sur la démolition de l'église, Marchant de Saint-Albin a vanté la qualité de la sculpture du portail en façade qu'il disait être « une très belle sculpture gothique », et il a même proposé de réutiliser la sculpture du portail dans la nouvelle église Saint-Wulphy projetée par l'architecte

---

25. Reconstitution du chœur avant les transformations du XIIIᵉ siècle par J. Henriet.

26. Sur la première flore gothique, voir JALABERT 1932, p. 191-195.

27. RODIÈRE 1931, p. 163-167.

---

28. DURAND 1931, p. 247-253.

29. LEMIRE 2008, p. 150-151.

30. *Ibid.*, p. 152.

Fig. 12 : Buste de Christ, fragment lapidaire provenant de l'église Saint-Wulphy de Rue (cl. Claire Labrecque, 2008).

Charles Sordi[31]. Nous pensons que Saint-Albin parlait d'un autre portail que celui qu'il esquissa dans son dessin de la tour et qu'il pouvait s'agir d'un portail ouvrant directement sur la nef, donc logé dans le narthex à la base de la tour. C'est peut-être à cet endroit que se trouvait, jusqu'à la démolition de cette dernière, ce superbe christ.

Il peut en fait s'agir du fragment d'un Christ en majesté. Il porte le nimbe cruciforme, une barbe taillée et une longue chevelure qui retombe sur ses épaules pour former quatre mèches sinueuses. Il ne reste que quelques traits de la tunique qui couvrait son corps, trop peu en fait pour pouvoir pousser plus loin notre analyse stylistique. L'inclinaison de la tête vers l'avant, bien visible si nous regardons le fragment de côté, fut calculée de façon à ajuster l'angle de projection de l'image en fonction de la position des visiteurs se tenant devant le portail. Par sa position frontale et son visage qui ne laisse passer aucune expression, ce christ pouvait figurer au centre d'un Jugement Dernier, ou être accompagné du tétramorphe. La souplesse de ses traits et la volumétrie de sa tête et de son torse nous amènent à le rapprocher de l'art du premier gothique plutôt que de l'art roman. Il s'éloigne, en effet, des christs juges distants et stéréotypés des portails

romans, comme ceux de Vézelay et d'Autun, mais il ne possède pas encore l'étincelle de vie qui le rendrait aussi humain et accueillant que le Beau Dieu d'Amiens. En fait, il s'agit d'un style de transition se rapprochant de celui du christ au portail nord de l'abbaye de Saint-Benoît-sur-Loire (v. 1150) et au portail ouest de l'église Saint-Pierre-le-Moûtier (v. 1160). L'étude de la coupe de pierre n'a révélé que très peu d'indices pouvant aider à préciser la datation : les faces latérales et le dessus de ce fragment semblent avoir été taillés rapidement avec un ciseau à lame lisse très large, mais la maladresse de la coupe laisse penser que ces traces furent laissées par le ciseau d'un ouvrier chargé de retirer ce fragment du portail en démolition au XIXe siècle. En revanche, les marques laissées sous la pierre sont très régulièrement espacées et le layage semble avoir été réalisé à l'aide d'un marteau taillant droit. Ce christ pourrait avoir été réalisé aux environs de 1150 et 1170, date qui se rapproche de celle proposée pour la nef et l'intérieur du chœur.

2.3. Culot figuré

Un autre morceau des plus intéressants repose dans la trésorerie basse de la chapelle. Il fait 50 cm de largeur, 46 cm de profondeur à son sommet et 48 cm de hauteur. Il s'agit d'un culot anthropomorphe provenant de l'église d'origine et dont le travail de sculpture est assez remarquable (fig. 13)[32]. Un tracé d'épure clairement gravé dans la pierre marque le dessus du fragment (fig. 14)[33]. On y voit représenté une femme accroupie sous un amoncellement de feuilles de chêne. Ses mains sont appuyées sur ses genoux et ses pieds sont nus[34]. Elle porte une coiffe qui laisse poindre de chaque côté des mèches de cheveux ondulants et ses traits fins évoquent le style de la tête d'homme provenant de la collégiale de Saint-Quentin

31. Après des années à débattre de la sauvegarde de la tour, celle-ci fut détruite en 1830, soit trois ans après la démolition de l'église Saint-Wulphy. La démolition de l'église nécessita plus de huit mois de travail et celle de la tour près d'un mois ; AUFRÈRE 1924, p. 493.

32. Ce culot, tout comme le Christ provenant du portail ouest de l'église Saint-Wulphy, a été récemment retrouvé. Nous comptons poursuivre nos recherches afin d'établir des liens entre ces pièces et d'autres sculptures de la même période en Picardie.

33. Une des prochaines étapes de nos recherches sur ces fragments consistera à établir des liens avec d'autres monuments de Picardie à partir des signes lapidaires, dont les tracés d'épure.

34. La représentation d'une femme pieds nus est pour le moins surprenante puisque ce traitement est habituellement réservé aux figures des Apôtres. Le professeur James Bugslag (université du Manitoba) a proposé de reconnaître Marie-Madeleine repentante ou une Vierge Sage, mais nous pensons qu'il peut s'agir de la personnification d'une vertu, peut-être l'humilité ou la modestie. Nous tenons à remercier James Bugslag pour l'intérêt qu'il a porté à notre étude des dépôts lapidaires de Rue.

Fig. 13 : Culot figuré, fragment lapidaire provenant de l'église Saint-Wulphy de Rue (cl. Claire Labrecque, 2008).

Fig. 14 : Sommet du culot figuré, fragment lapidaire provenant de l'église Saint-Wulphy de Rue (cl. Claire Labrecque, 2008).

(fin XIIIe-début XIVe siècle) maintenant déposée dans la crypte de la cathédrale[35]. Nous ne pouvons nous empêcher de rapprocher la structure de ce culot, son sujet et la délicatesse avec laquelle les feuillages sont taillés, à ceux du culot des environs de 1390 provenant de Cologne et attribué aux Parler[36]. Mais nous n'avons pas à chercher des comparaisons aussi loin que dans l'empire germanique. En effet, le décor de feuillage couvre une bonne

partie de la surface du culot de façon semblable à ceux du grand cloître de Saint-Jean-des-Vignes de Soissons (v. 1300), et déborde sur le tailloir tout comme le font les végétaux décorant des chapiteaux qui proviennent de l'abbatiale Saint-Nicaise de Reims (seconde moitié du XIIIe siècle). On peut aussi voir des culots à figures accroupies sur fond de décor végétal dans le transept de la cathédrale d'Auxerre, ainsi que dans l'ancienne abbatiale de Marmoutier, ces deux exemples étant du XIVe siècle. Nous avons enfin trouvé un exemple conçu tout à fait dans l'esprit de celui de Rue, puisqu'il possède des affinités avec notre culot au plan de sa composition et de son décor. Ce fragment que photographia Camille Enlart au Musée de la cathédrale de Saint-Omer proviendrait peut-être de la cathédrale ou du chœur de l'abbatiale Saint-Bertin (XIVe siècle)[37]. Il paraît assez probable que ce culot remonte au début du XIVe siècle et qu'il provienne d'une des annexes de l'ancienne église, peut-être d'une chapelle construite à la même époque que le portail nord de l'église Saint-Wulphy – rare vestige à avoir survécu et que l'on peut toujours voir à l'intérieur du vestibule de la chapelle du Saint-Esprit.

2.4. Pièces hétéroclites

Quelques morceaux plus tardifs, probablement du XVe ou du début du XVIe siècle, jonchent le sol de la trésorerie basse. L'un d'eux est un gâble flamboyant (fig. 15), semblable à celui qui coiffe la porte de la tourelle d'escalier (angle nord-ouest) ouvrant sur la trésorerie haute de la chapelle du Saint-Esprit (v. 1506-1514), mais celui-ci est plus simplement ouvragé. Si l'on se fie à ses proportions assez réduites et à son style épuré, il doit provenir d'un petit portail des environs de 1500-1515 qui ouvrait sur une des chapelles de l'église Saint-Wulphy. Le dernier fragment est une section de pinacle à crochets flamboyant très finement ouvragé (fig. 16), mais comme il est très endommagé, il est assez difficile de le dater avec précision. Il peut provenir de la grosse tour de l'église qui avait, d'après le rapport de l'ingénieur Sordi, de très fins pinacles de pierre calcaire à son sommet, lesquels furent presque tous détruits à coups de masse par les ouvriers qui travaillèrent à la démolition de la tour en 1830[38].

---

35. TRICOIT 2008, p. 170, 171 et 178 (illustration).

36. Maintenant conservé au Schnütgen-Museum de Cologne ; voir LEGNER (dir.) 1978, vol. 1.

37. Le culot dont il est question est représenté sur une photographie accessible sur la *Base de la Médiathèque de l'Architecture et du Patrimoine*. Sur la photo, le fragment est le deuxième à partir de la gauche sur l'étagère centrale ; http://www.mediatheque-patrimoine.culture.gouv.fr/fr/ archives_photo/index.html - n° Phototype MH0029208.

38. Rapport de Charles Sordi daté du 27 juillet 1827 ; Archives diocésaines, Amiens, cote DA 837 – Rue.

Fig. 15 : Gâble flamboyant, fragment lapidaire provenant de l'église Saint-Wulphy de Rue (cl. Claire Labrecque, 2008).

Fig. 16 : Pinacle flamboyant, fragment lapidaire provenant de l'église Saint-Wulphy de Rue (cl. Claire Labrecque, 2008).

Conclusion

Malgré le nombre restreint de fragments provenant de l'église Saint-Wulphy de Rue, une étude plus poussée de leurs divers aspects, conduite à la lumière des nouvelles approches architecturales multidisciplinaires, devrait permettre de mieux comprendre ses diverses composantes et de faire reconnaître l'importance de cette église de pèlerinage maintenant disparue dans le développement de l'architecture gothique en Picardie. L'église Saint-Wulphy de Rue était assurément un monument remarquable tant par ses dimensions que par la qualité de son ornementation, aussi espérons-nous qu'elle ne soit plus ignorée dans les études sur l'architecture picarde[39], et qu'elle devienne un jour l'objet d'une monographie.

---

39. À titre d'exemple, ni Louis Serbat, ni Camille Enlart n'ont fait mention de l'église Saint-Wulphy dans leurs publications sur l'architecture du premier gothique en Picardie, bien qu'un bon nombre d'églises détruites y furent étudiées ; SERBAT 1929 ; ENLART 1921.

Bibliographie

AUFRÈRE L.
1924, « Essai sur l'église Saint-Wulphy et la chapelle du Saint-Esprit de Rue », *Bulletin de la Société d'Émulation d'Abbeville*, Abbeville, F. Paillart impr., p. 434-534.

BÉGUERIE-DE PAEPE P.
2003, *Albert Siffait de Moncourt (1858-1931) peintre de la Picardie maritime*, catalogue d'exposition du Musée Boucher-de-Perthes, 15 juin au 21 novembre 2003, Abbeville, Musée de Perthes et Direction régionale des affaires culturelles de Picardie.

BLIER L.-A.
1855, *Histoire du Crucifix miraculeux honoré dans la chapelle du Saint-Esprit de la ville de Rue, en Picardie, diocèse d'Amiens*, Amiens, Lenoel-Herouart.

BOLLAND J. (dir.)
1658, *Acta Sanctorum*, Anvers, Jacob van Meurs, t. 2.

BRAQUEHAY A.
1898, *Le culte de saint Wulphy à Montreuil-sur-Mer*, Montreuil-sur-Mer, Imprimerie Notre-Dame-des-Prés.

CASSEL B.
1989, « Le pèlerinage au Saint-Esprit de Rue », *Dossiers archéologiques, historiques et culturels du Nord et du Pas-de-Calais*, 29, p. 2-5.

CORBLET J.
1874, *Hagiographie du diocèse d'Amiens*, Amiens, Prévost-Allo (Paris, J.-B. Dumoulin), t. 4, p. 96-106.

DURAND G.
1931, « Notice sur le Canton de Bray. Bray-sur-Somme », dans *La Picardie historique et monumentale*, t. 6, p. 247-253.

ENLART C.
1921, *Monuments religieux de l'architecture romane et de transition dans la région picarde : Anciens diocèses d'Amiens et de Boulogne*, Amiens, Société des antiquaires de Picardie.

GEARY P.
1993, *Le vol des reliques au Moyen Âge*, Paris, Aubier (Collection Histoires).

GIRY F.
1872, *Les petits Bollandistes, vies des saints de l'Ancien et du Nouveau Testament*, Paris, Bloud et Barral, t. VI, p. 510-514.

GOSSELIN J.
1894, *Rue et le pèlerinage du Saint-Esprit*, Abbeville, C. Paillart.

JALABERT D.
1932, « La flore gothique, ses origines, son évolution du XIIe au XVe siècle », *Bulletin monumental*, vol. 91, p. 191-195.

LABRECQUE C.
2008, « La chapelle du Saint-Esprit de Rue, Picardie : étude historique, architecturale et iconographique d'un monument de la fin du Moyen Âge », thèse de doctorat sous la direction du Professeur Roland Sanfaçon, université Laval, Québec.

LEFILS F.
1860, « Histoire civile, politique, religieuse de la ville de Rue et du pays du Marquenterre », *Bulletin de la Société d'Émulation d'Abbeville*, p. 131-137, 219-261.

LEGNER A. (dir.)
1978, *Die Parler und der Schöne Stil, 1350-1400. Europäische Kunst unter den Luxemburgern*, Cologne, Musée de la ville de Cologne, vol. 1.

LEMIRE D.
2008, « Les outils de taille de pierre aux XIIe et XIIIe siècles en Picardie : état de la question et perspective », dans TIMBERT A. et HANQUIEZ D. (dir.), *L'architecture en objets : les dépôts lapidaires de Picardie*, Actes de la Journée d'études à l'université d'Amiens, 22 septembre 2006, Amiens, CAHMER (collection Histoire médiévale et archéologie, vol. 21), p. 147-164.

LESUEUR A.
1922, « Le Crucifix de Rue et le 'St Vou' de Lucques », *Bulletin de la Société d'émulation d'Abbeville*, t. XI, p. 254-266.

LOUANDRE F.-C.
1845, *Histoire d'Abbeville et du comté de Ponthieu jusqu'en 1789*, Abbeville, T. Jeunet (Paris, Joubert), vol. 1.

MALBRANCQ J.
1636-1639, *De Morinis et Morinorum Rebus*, Tournai, A. Quinqué, t. 3.

MARTIN S.
1636, *Vie de saint Wulphy, confesseur, patron, prestre et curé de la ville de Rue en Ponthieu, au diocèse d'Amiens*, Paris, F. Dehors.

PEDICA S.
1960, *Il Volto Santo. Nei documenti della Chiesa*, Turin, Marietti.

RAYMOND M.
1819, « Nouvelles du Département. Lettre au Directeur du Journal d'agriculture et du commerce du département de la Somme », *Journal d'agriculture et de commerce de la Somme*, (20 février), p. 309-311.

RODIÈRE R.
1931, « Notices sur le Canton de Ham : Ponchy-Lagache », dans *La Picardie historique et monumentale*, t. 6, p. 163-167.

SAGUEZ A.
1908, « La paroisse Saint-Wulphy de Rue », *Bulletin de la Société d'Émulation d'Abbeville*, t. VII, p. 306-408.

SANSON J. dit Père Ignace
1646, *Histoire ecclésiastique de la ville d'Abbeville et de l'archidiaconé de Ponthieu, au diocèse d'Amiens*, Paris, François Pélican.

SAUSSAY A. DU
1637, *Martyrologium gallicanum*, Paris, S. Cramoisy, vol. 1.

SCHMITT J.-C.
1995, « Cendrillon crucifiée : à propos du *Volto Santo* de Lucques », dans *Miracles, prodiges et merveilles au Moyen Âge*, 25e Congrès de la SHMES, Paris, Publications de la Sorbonne, p. 241-269.

SERBAT L.
1929, « Quelques églises anciennement détruites du Nord de la France », *Bulletin Monumental*, 88, p. 365-435.

SOYEZ E.
1910, *La Croix et le Crucifix. Étude archéologique*, Amiens, Imprimerie Yvert & Tellier, p. 66-84.

TRICOIT M.
2008, « Le dépôt lapidaire de la Collégiale de Saint-Quentin : première approche », dans TIMBERT A. et HANQUIEZ D. (dir.), *L'architecture en objets : les dépôts lapidaires de Picardie*, Actes de la Journée d'études à l'université d'Amiens, 22 septembre 2006, Amiens, CAHMER (collection Histoire médiévale et archéologie, vol. 21), p. 165-180.

LES PIÈCES D'ARCHITECTURE DE L'ÉGLISE COLLÉGIALE DISPARUE SAINT-ÉVREMOND DE CREIL (OISE)

Delphine HANQUIEZ[*]

LES PIÈCES D'ARCHITECTURE de l'église collégiale Saint-Évremond de Creil[1], classées au titre d'objets en 1984 et conservées au musée Gallé-Juillet de la ville[2], sont les derniers vestiges archéologiques de ce monument détruit dans les premières années du XXe siècle (fig. 1).

L'inventaire de cette collection lapidaire, riche de deux cent vingt-six pièces[3], a pour but d'exhumer de l'oubli les restes d'un édifice dont la qualité architecturale avait pu être relevée par divers auteurs au cours du XIXe et au tout début du XXe siècle et par les opposants à sa destruction[4]. Réalisé au cours des mois de juin et juillet 2006[5], il donne l'occasion, plus de cent ans après la publication de l'article écrit par E. Lefèvre-Pontalis[6], de mener une nouvelle étude sur la collégiale. Par leur caractère inédit, ces pièces, palpables et réelles, permettent une approche renouvelée et plus concrète de son architecture. Certes l'existence d'une documentation iconographique reste capitale, puisqu'elle permet de connaître l'emplacement d'origine de certaines pièces architecturales, mais ne se substituera jamais à ces témoins archéologiques. Par le croisement des données, il est permis de porter un

* Maître de conférences en histoire de l'art médiéval, université d'Artois, CREHS (EA 4027).

1. Je remercie Jean-Marc Fémolant, responsable du service archéologique de la ville de Beauvais, de m'avoir révélé l'existence de ce dépôt lapidaire.

2. Les fragments d'architecture sont entreposés dans deux pièces qui forment les réserves du musée, situées au sous-sol. Dans la première, sont conservés en grande partie des chapiteaux qui ont trouvé leur place sur des étagères ; dans la seconde régnait une totale anarchie. Seuls deux chapiteaux sont mis en valeur dans l'une des salles du musée, actuellement accessible au public.

3. Quelques pièces inventoriées ont été écartées, puisqu'elles n'appartiennent pas, selon toute vraisemblance, au monument : il s'agit d'une base isolée et de dimensions réduites (117), d'une sorte de socle (119), d'une tête féminine (120) et d'une pièce torsadée (173).

4. La genèse de l'inventaire était liée à mon sujet de thèse sur la priorale de Saint-Leu-d'Esserent. Certains chapiteaux de l'ancienne collégiale avaient en effet été choisis pour servir de modèles aux corbeilles du porche de l'avant-nef, restauré au XIXe siècle. Les devis et mémoires de restauration ne spécifiaient pas le recours à ces modèles ; seul E. Müller en portait témoignage (MÜLLER 1920, p. 11). La présence de certains moulages dans la tribune de l'avant-nef qui ne faisaient référence à aucun chapiteau conservé *in situ* pouvait également favoriser l'idée d'une autre source d'inspiration.

5. Je remercie Marion Kalt, conservatrice du musée, et le personnel pour leur accueil ainsi qu'Anne-Sophie Delacotte et Estelle Coët pour leur participation physique à la réalisation de cet inventaire.

6. Cet article a été publié en 1904 après que l'église a été détruite : LEFÈVRE-PONTALIS 1904, p. 160-182.

Fig. 1 : Une des réserves du musée Gallé-Juillet de Creil, où ont été déposés les fragments d'architecture de la collégiale (état en avril 2006) (cl. Delphine Hanquiez).

nouveau regard sur la collégiale disparue : on redécouvre un édifice qui offre une richesse de motifs dans son décor sculpté, dont les fragments seront étudiés, et qui entretient des liens avec les réalisations du premier art gothique.

1. L'histoire de la collégiale Saint-Évremond de Creil

La documentation historique concernant le chapitre, en particulier sa fondation, est assez maigre. Les éléments qui vont être évoqués ne sont pas nouveaux puisqu'ils ont déjà été mis en avant dans de précédentes publications.

Il est fait mention pour la première fois du chapitre de Saint-Évremond de Creil dans une charte non datée dans laquelle Hugues[7], fils du chambrier Renaud, seigneur de Creil (*Hugo Rainaldus camerarii filius, Regis beneficio Credulii dominus*) et Waleran, son parent (*Walleranus ipsi Hugono et consanguinitate et ejusdem castelli*), accordent à l'abbaye Saint-Vincent de Senlis le droit de nomination à l'une des six prébendes, à charge de la faire desservir par un prêtre et d'envoyer des religieux à Creil le jour de la fête du saint[8]. Deux actes permettent de fournir des

jalons à cette charte[9] : en effet, il est possible qu'elle soit postérieure à 1069, puisque ce privilège n'est pas mentionné dans la confirmation par le roi Philippe Ier des biens du monastère Saint-Vincent de Senlis[10] ; elle est antérieure à la charte du 3 septembre 1119 dans laquelle le pape Calixte II reconnaît que les religieux de Saint-Vincent ont droit de choisir la titulature d'une prébende à Saint-Évremond[11]. Les personnes en présence peuvent alors être identifiées comme étant Hugues, seigneur de Clermont[12], appelé également Hugues de Mouchy, qui était le fils de Renaud Ier, chambrier du roi Henri Ier et comme Valerand, seigneur de Breteuil[13]. La charte de donation est antérieure à la mort d'Hugues de Clermont qui n'est pas précisément connue mais ce dernier est qualifié en 1102 de vieillard par Suger[14].

L'église avait pour vocable saint Évremond. Ce saint d'origine normande, né à Bayeux vers le milieu du VIIe siècle, était abbé de Montmerrei (Orne, cant. Mortrée), où il mourut vers 720[15]. D'après Orderic Vital, les reliques du saint ont été ravies au milieu du Xe siècle, avec celles de saint Évroult et du moine Ansbert[16] et emportées à Orléans. Il semble que celles de saint Évremond furent transférées d'Orléans à Creil à la fin du Xe siècle[17]. À cette date, l'église collégiale existait peut-être ou a été créée pour recevoir les restes saints.

Si l'église a reçu dès l'origine le vocable de Saint-Évremond, ceci signifierait qu'elle n'est pas antérieure à l'arrivée des reliques.

---

7. Il ne s'agit pas d'Hugues Renaud comme l'indiquent de précédents auteurs : BOURSIER 1883, p. 448 et LEFÈVRE-PONTALIS 1904, p. 162-163.

8. AD Oise, H 612… *prebendam Creduliensis Ecclesie qui ex ossibus et nomine confessoris Évremondi gloriatur…* : BOURSIER 1883, p. 448-449.

9. Le docteur Boursier estime qu'elle a été rédigée en 1090 : son argumentation (1883, p. 449-450) ne permet pas d'être aussi précis. Il signale par ailleurs que cet acte a été fait sous Lieutaud, premier abbé de Saint-Vincent mais l'acte ne l'indique pas. *Lietaldus* était en effet le premier abbé de Saint-Vincent de Senlis : *Gallia Christiana*, X, 1751, col. 1494.

10. PROU 1928, n° XLIII, p. 120-123.

11. *Gallia Christiana*, X, 1751, Instrumenta, col. 210 : *XIV Bulla Callisti II pro oeil cœnobio Sancti Vincentu.*

12. Cette hypothèse avait déjà été proposée : LEFÈVRE-PONTALIS 1904, p. 163. Sur Hugues de Clermont : LUÇAY 1878, p. 9-11 ; LÉPINOIS 1877, p. 14-18.

13. BOURSIER 1883, p. 345, n. 4 : l'auteur l'identifie bien à Valerand de Breteuil.

14. […] *supplicat ut seni condescendat, gravissime gravato opem ferat* ; LECOY DE LA MARCHE 1867, p. 16.

15. RÉAU 1958, vol. 3, p. 480. Sources : *Acta Sanctorum*, Juin, t. II, 1698, p. 284-287 et *Gallia Christiana*, XI, 1759, col. 712. Sur la vie du saint, voir PELLERIN 1873.

16. ORDERIC VITAL, t. III, p. 316 et 320.

17. Voir à ce sujet la démonstration d'E. Lefèvre-Pontalis : LEFÈVRE-PONTALIS 1904, p. 161-162.

On peut penser d'une part qu'elle fut dès l'origine une collégiale desservie par des chanoines du fait de l'existence d'une paroissiale dédiée à saint Médard[18] et d'autre part qu'elle a été fondée par les seigneurs du lieu. La topographie du site sur lequel a été construite l'église permet d'apporter des arguments supplémentaires. D'après le dessin réalisé par Jacques-Androuet du Cerceau[19] puis ceux d'E. Viollet-le-Duc[20], la collégiale se situait dans la basse cour, en avant et à proximité du château reconstruit par Charles V après 1374[21], qui occupe une île formée par l'Oise au milieu de la ville de Creil[22]. Si le château a occupé ce site, dès l'origine de la seigneurie de Creil[23], il semblerait qu'il faille donc considérer que l'église qui a précédé le monument gothique était soit une collégiale castrale, soit une ancienne chapelle castrale par la suite érigée en collégiale. Dans ce dernier cas, le contexte ne serait guère éloigné de celui de la collégiale Saint-Martin de Picquigny, fondée dans l'ancienne chapelle castrale par le seigneur de Picquigny et ses frères, en 1066[24].

Le 24 février 1176, Raoul, comte de Clermont, donne l'église de Saint-Évremond avec tous ses biens et ses revenus au prieuré clunisien de Saint-Leu-d'Esserent. On apprend par ailleurs dans cette charte que la collégiale est alors dirigée par le frère du comte de Clermont, Hugues, qui est qualifié d'abbé, *tunc praedictae Ecclesiae de Credulio abbate*[25]. D'après les sources écrites, Hugues eut une carrière importante, parfois cumulative : il fut d'abord abbé de Saint-Germer-de-Fly entre 1172 et 1180 puis de Saint-Lucien de Beauvais entre 1180 et 1183[26] ; en 1176 il détenait deux charges, celle d'abbé de Saint-Évremond, mais également celle de primicier, c'est-à-dire archidiacre, de l'église de Metz, place qu'il occupe encore en 1190[27]. Il fut, à partir de 1183, abbé de Cluny, sous le nom de Hugues IV, et ce jusqu'à sa mort survenue en 1199.

Les renseignements dont nous disposons sur le chapitre et le contexte général rendent compte que jusqu'en 1176, il devait toujours s'agir d'une collégiale castrale dotée d'un collège réduit de six chanoines. En comparaison, la collégiale Saint-Martin de Picquigny était desservie par huit chanoines[28], celle de Notre-Dame et Saint-Arnoult de Clermont par douze[29]. Dans un tel contexte castral, la construction a pu bénéficier des largesses du propriétaire de la châtellenie, le comte de Clermont : il pourrait alors s'agir soit de Renaud II († 1156/1161), soit de Raoul († 1191). Il est possible que l'époque de la construction corresponde à la direction de l'établissement par Hugues, un des frères du comte Raoul de Clermont. Le docteur Boursier considérait que l'église avait été construite au début du XIIe siècle. E. Lefèvre-Pontalis, estimant que son prédécesseur avait tort, datait le monument dans le troisième quart du XIIe siècle[30]. Il conviendra de mieux définir la datation relative du monument grâce à l'étude de son architecture et de ses éléments sculptés.

2. Étude de l'édifice

Si aucune indication directe sur la construction de la collégiale n'est connue, des témoignages architecturaux et écrits permettent de mieux cerner l'histoire du monument et son devenir au fil du temps avant sa complète destruction. Le contexte de la destruction, n'ayant jamais

18. Certains font remonter sa fondation au VIIIe siècle : MATHON 1861, p. 642.

19. CERCEAU 1868 (éd. originale 1567), t. 1. Le plan de l'église n'est pas dessiné de manière juste. Il a été reproduit dans l'ouvrage du docteur Boursier.

20. VIOLLET-LE-DUC 1854-1868, t. 3, article « château », ill. 32 et 33, p. 178-179.

21. Selon E. de Lépinois, le château fut reconstruit en 1374 (LÉPINOIS 1874, p. 102). Le roi avait acheté l'ancien château à Béatrice, fille de Louis Ier de Bourbon, comte de Clermont, le 7 août 1374 (*Ibid.*, p. 108).

22. CHÂTELAIN 1983, p. 155. Pour une étude sur le château : se reporter à VIOLLET-LE-DUC 1854-1868, t. 3, p. 177-179 et BOURSIER 1883, p. 401-413, cet auteur reprend les propos de l'architecte restaurateur.

23. Il reste difficile de savoir à quand remonte l'existence d'un château à Creil. Un seigneur de Creil est mentionné la première fois au cours du Xe siècle. BOURSIER 1883, p. 345 ; il s'agit de Bernard II, comte de Senlis, surnommé le Danois. Le château existait dans le premier quart du XIIe siècle puisque dans une charte de donation en faveur du prieuré de Saint-Leu-d'Esserent, il est stipulé sous forme de condition que les moines fassent leur garde de nuit au château de Creil : *per noctem castrum Credulii ponerent* ; cet acte est daté vers 1119 au plus tard : MÜLLER 1901, n° XXI, p. 25-26.

24. BONNECASE 1992, p. 509. Beaucoup de châteaux disposaient d'une chapelle ou d'une collégiale dans l'enceinte (Gerberoy), qui fut parfois transformée par la suite en prieuré (Béthisy, Chaumont-en-Vexin, Beaumont-sur-Oise) ou en abbaye (Crépy-en-Valois). CORVISIER 1997, p. 207-220.

25. MÜLLER 1901, n° LXXIX, p. 81-82.

26. *Gallia Christiana*, IX, 1751, col. 792.

27. Comme en témoigne la donation du comte Raoul aux religieux de Froidmont d'une partie de la forêt de Hez, où Hugues apparaît comme témoin, *Hugo, frater meus, primicerius ecclesie Mettensis.* LÉPINOIS 1877, p. 21 et pièce justificative XXXVIII, p. 138-140.

28. BONNECASE 1992, p. 510.

29. LÉPINOIS 1874, p. 52-53.

30. BOURSIER 1883, p. 450 et LEFÈVRE-PONTALIS 1904, p. 164.

été véritablement explicité, peut aujourd'hui être évoqué sans polémique[31]. L'étude des documents graphiques rassemblés autorisera à mener une analyse architecturale du monument.

2.1. Le monument de sa construction à sa destruction

L'église a subi après sa construction au cours du XIIᵉ siècle quelques remaniements. Les premières réfections touchent l'abside : les trois fenêtres originelles sont agrandies et remplacées par des baies divisées en lancettes et surmontées de trois quadrilobes posés sur un unique pétale, datées par E. Lefèvre-Pontalis et E. Woillez respectivement du XIIIᵉ siècle et du XIVᵉ siècle[32]. Selon E. Woillez, au cours du XIIIᵉ siècle, il a été nécessaire de consolider le côté méridional de l'abside et le clocher : un arc-boutant a été mis en place sur le côté sud de la nef et les contreforts du chœur et du clocher ont été renforcés[33]. Dans le bas-côté nord, des corbeilles moulurées remplacèrent au XVIᵉ siècle certains chapiteaux, comme le précise E. Lefèvre-Pontalis, qui ne localise pas plus précisément ce remaniement[34].

L'église est peu à peu amputée à partir du dernier tiers du XVIIIᵉ siècle[35] : les trois premières travées de la nef menaçant ruine sont détruites, puis la façade est abattue quelques années après. Le 30 avril 1791, l'église est vendue comme bien national au sieur Verzenay, ancien secrétaire du roi, qui avait acquis les ruines du château[36]. En 1800, elle accueille une fabrique de porcelaine[37]. Au cours du XIXᵉ siècle, la destruction de l'édifice se poursuit : en 1825, le clocher est abattu[38] et en 1876, les deux bas-côtés de la troisième travée sont démolis. La société des faïenceries de Creil et Montereau, propriétaire de l'église, adresse une demande de déclassement au sous-préfet de Senlis le

23 avril 1888[39]. Le déclassement devient effectif après approbation du ministère quelques mois plus tard, en août 1888[40].

La faïencerie transporte ses fours à Montereau (Yonne) en 1895[41] mais l'église avait dû être abandonnée avant ce transfert puisqu'en décembre 1892, la municipalité l'achète[42] ; l'entrée en jouissance est convenue pour le 1ᵉʳ avril 1893[43]. Cette acquisition sonne le début d'un processus irréversible pour le monument, la ville de Creil projetant sa destruction. Le sort réservé à l'église a eu un retentissement à la fois sur le plan local et national. En effet, quelques mois plus tard, en décembre 1893, la société nationale des Antiquaires de France et le Comité archéologique de Senlis s'inquiètent, respectivement auprès du président de la Commission des Monuments historiques et auprès du ministre, du devenir de l'église[44]. Le ministre, en retour, précise au préfet « de n'autoriser à exécuter d'aucun travail qui pourrait altérer son caractère[45] ». A. P. Selmersheim, inspecteur général des Monuments historiques, demande le reclassement de l'église pour assurer sa conservation[46]. Le conseil municipal s'y oppose, arguant entre autre « qu'il serait arbitraire et antilégal d'établir une servitude sur un immeuble

---

31. E. Lefèvre-Pontalis qualifia cette destruction d'« acte de vandalisme » (1904, p. 167).

32. Lefèvre-Pontalis 1904, p. 176-177 ; Woillez 1839-1849, p. 43.

33. Woillez 1839-1849, p. 43.

34. Lefèvre-Pontalis 1904, p. 174. Ce témoignage est important dans la mesure où aucun document graphique ne rend compte de cette modification.

35. Son état est connu grâce au registre capitulaire (1745-1790), dont une partie a été retranscrite par E. Woillez : Woillez 1839-1849, p. 44, note (*).

36. Boursier 1883, p. 493.

37. Lefèvre-Pontalis 1904, p. 166.

38. Trois chapiteaux du clocher sont connus grâce à un dessin : Woillez 1839-1849, planche V.

39. Cette demande est transmise au ministre de l'Instruction Publique et des Beaux-Arts. Arch. Mon. Hist., 81/060/292, Lettre de la société anonyme des faïenceries de Creil et Montereau au sous-préfet de Senlis, Paris le 23 avril 1888 et Lettre de la préfecture de l'Oise au Ministre de l'Instruction Publique et des Beaux-Arts, Beauvais le 7 mai 1888.

40. Arch. Mon. Hist., 81/060/292, Lettre du Ministère à monsieur le Directeur de la Société des faïenceries de Creil et Montereau, Palais-Royal, le 2 août 1888.

41. Ariès 1974, p. 58-59.

42. Arch. Mon. Hist., 81/060/292, voir l'Extrait du registre des délibérations du conseil municipal de la ville de Creil, Séance ordinaire du 25 janvier 1894, dans lequel il est rappelé les motifs de l'acquisition de l'église lors de la délibération en date du 21 décembre 1892.

43. Populaire 1982, p. 20.

44. Arch. Mon. Hist., 81/060/292, Lettre de la société nationale des Antiquaires de France à Monsieur le Président de la Commission des Monuments historiques, Paris le 13 décembre 1893 et Lettre du président du Comité archéologique de Senlis au Ministre, Pontarmé 15 décembre 1893.

45. Arch. Mon. Hist., 81/060/292, Minute de lettre du Ministère de l'Instruction publique, des Beaux-Arts et des Cultes, 18 décembre 1893.

46. Arch. Mon. Hist., 81/060/292, Rapport de la commission par M. Selmersheim, inspecteur général sur l'ancienne collégiale de Saint-Évremond à Creil (Oise), séance du 22 décembre 1893.

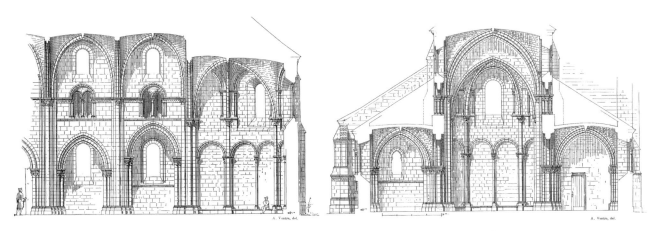

Fig. 2 : Coupe longitudinale de G. Sebille (LEFÈVRE-PONTALIS 1904).

appartenant à une ville, lequel immeuble était absolument libre lors de l'acquisition[47] ».

Malgré les relances de la commission des Monuments historiques, et ce jusqu'avant la destruction imminente de l'église, le conseil municipal a campé sur ses positions. La destruction est effective en mai 1903[48]. La documentation relative à cet édifice permet néanmoins de le connaître dans ses grandes lignes.

2.2. La connaissance de l'église d'après les documents iconographiques

Une série de documents iconographiques apporte de précieux renseignements sur les contours ainsi que sur les détails de l'architecture de l'ancienne église collégiale. Il s'agit d'une part, de dessins d'architecture : les huit planches réalisées par E. Woillez[49] ; le plan, les élévations[50]

et huit dessins[51] réalisés par l'architecte A. Verdier, au milieu du XIXe siècle ; les croquis des contreforts des dernières travées du bas-côté nord par E. Viollet-le-Duc, publiés dans son *Dictionnaire raisonné de l'architecture*[52] et enfin les coupes transversale et longitudinale réalisées par G. Sebille (1870-1962) et reproduites dans l'article d'E. Lefèvre-Pontalis[53] (fig. 2). Des photographies, d'autre part, conservées à la Médiathèque de l'Architecture et du Patrimoine, complètent notre connaissance du monument. D'autres clichés ont été réalisés à des moments successifs de la destruction[54]. L'étude de l'ensemble de ces documents iconographiques permet d'appréhender le monument d'une manière très large et de l'apprécier tel qu'il était parvenu au cours du XIXe siècle.

2.3. Analyse architecturale

L'église offrait, à l'origine, un vaisseau continu de six travées flanquées de collatéraux et s'ouvrait sur une abside à cinq pans au plan outrepassé (fig. 3). La dernière travée était légèrement différente des cinq premières puisque le bas-côté nord était un peu plus large et s'ouvrait vers l'est par une travée très peu profonde (2 m) ; au sud, en revanche, la cinquième travée du vaisseau donnait sur le clocher.

47. Arch. Mon. Hist., 81/060/292, un extrait du registre des délibérations du conseil municipal de la ville de Creil, en date du 25 janvier 1894, rend compte de la réunion de la commission de Saint-Évremond, tenue le 12 janvier 1894.

48. Les documents conservés dans la documentation des Monuments historiques ne sont pas plus précis quant à la date. E. Lefèvre-Pontalis (1904, p. 167) indique : « On a donné le premier coup de pioche dans les murs de Saint-Évremond à la fin du mois d'avril 1903 et la démolition fut achevée le 6 juin de la même année, mais les fondations sont restées dans le sol ».

49. WOILLEZ 1839-1849, p. 36-44.

50. Base mémoire : 74N00066 : il s'agit d'un plan d'ensemble, des élévations extérieure et intérieure d'une travée, de détails des piles et des chapiteaux, de l'élévation extérieure des deux dernières travées nord avec le détail des chapiteaux et frises ornant les contreforts ; cote 2156, 6256 et 6257. Voir au sujet de la demande par A. Verdier de la réalisation de ces dessins : Arch. Mon. Hist., 81/060/292, Lettre d'Aymar Verdier, en 1850.

51. Ces dessins, exécutés au crayon noir, représentent une console et des détails de chapiteaux, sans précision de localisation. Paris, Médiathèque de l'architecture et du patrimoine, photothèque, 0080/112/2003, n° 63424, 63425-1 (daté du 30 septembre 1856), 63425-2, 63425-3 (24 juin 1851), 63425-4 (24 juin 1851), 63425-5 (24 juin 1851), 63425-6 (24 juin 1851) et 63425-7.

52. VIOLLET-LE-DUC 1854-1868, t. 4, «contre-fort», p. 290.

53. À certains égards, c'est une «reconstitution» de l'état du XIIe siècle, puisque les trois pans médians de l'abside avaient reçu des fenêtres à l'époque rayonnante.

54. POPULAIRE 1982, p. 13-18.

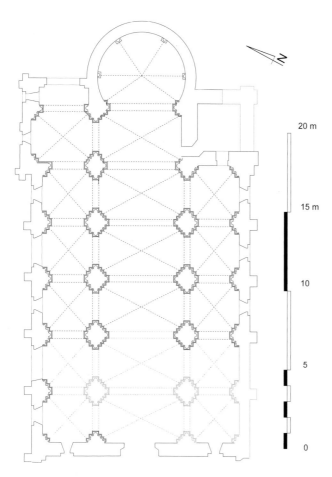

20 m

15 m

10

5

0

Fig. 3 : Plan de l'église Saint-Évremond de Creil, d'après
WOILLEZ *1839-1849, Creil, planche I.*
(DAO Delphine Hanquiez).

L'abside très singulière par l'usage d'un plan outre-passé[55], qui tendait à isoler cette partie sacrée, peut trouver des comparaisons avec les absides à sept pans de Saponay, couverte d'une voûte à huit branches d'ogives et de Marizy-Saint-Mard, dans la seconde moitié du XIIe siècle[56], avec la Corona de la Trinity Chapel de Canterbury, érigée entre 1179 et 1184[57], ou encore avec des édifices dont le chœur comportait un déambulatoire, ainsi avec les hémicycles de Senlis[58] et de Chars[59]. Par le biais de ce

plan, les deux premiers pans de l'abside étaient rendus invisibles de l'observateur qui se trouvait dans le vaisseau central.

L'église présentait trois niveaux d'élévation. Des grandes arcades à double rouleau en arc brisé reposaient sur des piles composées de quatorze colonnettes disposées autour d'un noyau cruciforme. Séparées du précédent niveau par un bandeau[60], les ouvertures sur combles offraient vers le vaisseau deux arcatures géminées en arc brisé ceintes d'un arc d'encadrement en plein-cintre. Les fenêtres hautes en plein-cintre et simplement ébrasées occupaient le tiers de la largeur de la travée. L'ensemble de la nef et des bas-côtés était couvert de voûtes d'ogives quadripartites, renforcées par des formerets. La voûte de l'abside comportait six branches d'ogives. Seule la petite travée à l'est du bas-côté nord était couverte d'une voûte en berceau : il s'agissait peut-être d'une annexe de la dernière travée du bas-côté[61]. L'abside, moins haute que la nef, s'en diffé-renciait en offrant deux niveaux : la partie inférieure de chaque pan était occupée par une double arcature aveugle en plein-cintre, selon la restitution proposée sur la coupe longitudinale de Sebille, quand le niveau supérieur était éclairé à l'origine par des baies également en plein-cintre.

L'élévation générale de la nef de Saint-Évremond de Creil est assez similaire à celle des grands monuments du premier art gothique, tels Saint-Étienne de Sens[62], Saint-Étienne de Beauvais[63] ou des chœurs de Saint-Leu-d'Esserent[64] et de Saint-Germain-des-Prés[65] par l'usage d'un niveau médian d'ouvertures sur comble[66]. Les exemples sont nombreux, en Picardie et en Île-de-France, d'un traitement identique du deuxième niveau – que ce soit des tribunes ou des ouvertures sur comble – avec deux arcades ceintes par un arc d'encadrement, mais l'usage combiné de l'arc brisé et de l'arc en plein-cintre, assez rare, était comparable dans l'Oise à la nef de Mello[67], en Île-de-France à Notre-Dame de Poissy[68] et en

55. Cet édifice est cité dans l'ouvrage de GÖTZ 1968, p. 158-159. La particularité de ce plan avait été signalé dans : LASTEYRIE 1926, t. 1, p. 199-200.

56. Sur ces édifices, LEFÈVRE-PONTALIS 1894-1896, p. 181-183 et p. 171-173.

57. DRAPER 1983, p. 240.

58. VERMAND 1987.

59. DUBOC 2004.

60. Il était profilé de manière similaire aux tailloirs.

61. WOILLEZ 1839-1849, p. 43.

62. HENRIET 1982, p. 81-174.

63. HENWOOD-REVERDOT 1982.

64. HANQUIEZ 2008, p. 192-193.

65. PLAGNIEUX 2000, p. 47.

66. La diversité du schéma des élévations caractérise les édifices de la première génération du gothique. L'usage d'un niveau médian d'ouvertures sur comble se rencontre autant que celui d'un étage de tribunes dans les années 1140-1160. Mais dans un édifice aux dimen-sions réduites comme celles de Creil, la présence de tribunes ne devait aucunement se justifier, ni sur le plan statique, ni sur le plan liturgique.

67. BIDEAULT et LAUTIER 1987, p. 209-217.

68. SALET 1946.

Bourgogne au chœur de La Madeleine de Vézelay[69] et au clocher de Saint-Eusèbe d'Auxerre[70].

La fenêtre simple fut employée durant toute la seconde moitié du XIIe siècle dans le milieu parisien[71]. Il en est ainsi à la cathédrale de Paris ou dans des monuments contemporains, tels Mantes, Gonesse[72] et Larchant[73]. Les fenêtres de la collégiale de Creil sont dépourvues de décoration interne, ce qui les rapproche des fenêtres en plein-cintre de Saint-Germer-de-Fly, de Saint-Étienne de Beauvais ou des fenêtres en arc brisé de Saint-Leu-d'Esserent. En revanche, à l'extérieur, elles sont ceintes en partie supérieure d'une moulure torique reposant sur de fines colonnettes, comme à Saint-Leu-d'Esserent.

L'élévation de l'abside n'était pas très éloignée de celle des chapelles rayonnantes de chœurs gothiques ornées en partie basse d'une série d'arcatures aveugles, comme à la cathédrale de Noyon et à l'abbatiale de Saint-Germain-des-Prés. Les chapelles orientées de Notre-Dame d'Étampes offrent une configuration similaire, ainsi que les absides de Thiescourt et de Ressons-sur-Matz.

À l'extérieur, les deux dernières travées nord du bas-côté exposaient une ornementation plus importante qu'ailleurs : le soubassement était décoré d'arcatures jumelées en plein-cintre ; les chapiteaux des fenêtres se poursuivaient en frise sculptée sur le mur ; les contreforts étaient agrémentés de frises feuillagées et d'un glacis sculpté de petites arcatures. Dans les parties hautes des travées conservées, la surface murale était uniquement ornée d'un bandeau mouluré filant dans la continuité du tailloir.

Il a été fait usage de chapiteaux frises tant à l'intérieur, pour le deuxième niveau d'ouvertures sur comble, qu'à l'extérieur. Un soin particulier a donc été accordé à la décoration ornementale qui « envahit » la surface murale et ceci est d'autant plus remarquable qu'il existe peu d'exemples de frises de ce genre : il est possible d'observer une frise dans les chœurs de la cathédrale de Senlis et de la priorale de Saint-Leu-d'Esserent, à l'extérieur du chevet de Saint-Christophe-en-Halatte[74] et dans le transept de Nouvion-le-Vineux. L'étude du dépôt lapidaire permettra d'apprécier tous les motifs du décor sculpté.

3. Dépôt lapidaire : présentation et étude du décor sculpté

Les pièces inventoriées correspondent essentiellement à l'édifice du XIIe siècle ; quelques-unes plus tardives attestent l'existence de parties renouvelées ou restaurées. La collection présente un échantillon varié qui se compose de bases (seize), de chapiteaux (quatre-vingt-seize voire quatre-vingt-dix-sept), de tailloirs (douze voire treize), de claveaux des ouvertures sur comble (cinq), de claveaux d'ogives (treize), de claveaux d'arc doubleau à deux tores (trente-trois), de clés de voûte (quatre), de modillons (trois) et bandeau mouluré de la corniche (un), de blocs appartenant aux contreforts (quatorze) et à leur couronnement (sept), de remplages de fenêtres (sept voire huit), de tambours de colonne (cinq), de pièces de faîtage (deux) et de pièces de modénature tardives (cinq).

Le large corpus de chapiteaux originels, au nombre de quatre-vingt-treize, permet de rendre compte des différents types utilisés, qui ne pouvaient apparaître à la seule étude des documents graphiques et photographiques. Pour un tiers d'entre eux, ils ont pu être replacés de manière précise dans leur contexte architectural[75]. Les chapiteaux ont été répartis et regroupés suivant leurs motifs sculptés, qui appartiennent pour les uns au premier art gothique et pour les autres au dernier tiers du XIIe siècle. Les premiers se divisent en plusieurs catégories selon qu'ils s'ornent de rinceaux, de feuilles ou de palmettes digitées et de feuilles lisses ; les compositions historiées entrent dans ce groupe. Les chapiteaux de la fin du XIIe siècle s'agrémentent, quant à eux, de feuilles dentées et de crochets d'angle.

Très largement représentés, les chapiteaux à rinceaux (vingt), sur les tiges desquels s'épanouissent des folioles digitées, offrent des compositions variées. Certains ont pu être replacés précisément dans leur contexte monumental[76] : cinq ornaient le premier niveau de l'église[77], tandis que deux étaient situés l'un au troisième niveau[78], l'autre à l'extérieur[79]. Les corbeilles, dont les

---

69. Timbert 2001, p. 172.
70. Vallery-Radot 1958, p. 92-93.
71. Branner 1962, p. 155.
72. Aubert 1951, p. 424-428.
73. Henriet 1976, p. 289-307.
74. Bideault et Lautier 1987, p. 196-203.

75. Il faut signaler le caractère non exhaustif de la documentation, dans laquelle ne figurent jamais ni les chapiteaux de l'abside, ni ceux des murs gouttereaux des bas-côtés, ni une grande partie de ceux recevant les voûtes de la nef.
76. Une majorité n'a cependant pas trouvé de localisation précise : 12, 18, 26, 76, 78, 79, 84, 91, 107, 114, 121, 188, 193.
77. Ils étaient disposés autour de la quatrième pile nord : 49, 92, 148 ; la cinquième pile nord de la nef : 51 et la sixième pile nord : 88.
78. La corbeille 99 recevait l'ogive de la voûte de la nef, à hauteur de la quatrième pile sud.
79. La pièce 111 avait peut-être été mise en place à l'est de la fenêtre de la sixième travée du bas-côté nord.

Fig. 4 : Chapiteau à rinceaux bagués, n° inv. 78
(cl. Delphine Hanquiez).

Fig. 5 : Chapiteau à rinceaux et tête d'angle, n° inv. 99
(cl. Delphine Hanquiez).

rinceaux parfois bagués se développent de manière symétrique (fig. 4), ressemblent à celles provenant de l'abbatiale Saint-Lucien de Beauvais, conservées au musée de Picardie (Beauvais), à celles de la tribune de l'avant-nef de Saint-Leu-d'Esserent[80] ou à des compostions de l'avant-nef ou de la crypte de Saint-Denis[81]. Les compositions 76, 92 et 99 sont agrémentées de têtes d'angle assez grossièrement traitées, caractérisées par des yeux qui occupent une grande partie de la tête, et par une chevelure formée de mèches pointant vers le haut (fig. 5). Les rinceaux accueillent parfois des fruits grenus (76, 99 et 114).

Deux exemplaires (88, 91) présentent des tiges qui prennent naissance dans l'angle supérieur, qui forme parfois une sorte de volute, et se développent de façon tentaculaire autour d'un disque, traité pour l'un d'eux de manière décorative par la présence de trous forés à l'aide d'un trépan, sur lequel les terminaisons viennent s'agripper (fig. 6). Des corbeilles assez similaires peuvent être observées sur deux piles sud de la nef de Bury[82], où le traitement sculpté est beaucoup plus plat mais le

schéma général demeure le même, sur la troisième pile du bas-côté sud de Foulangues[83], sur un des chapiteaux du chœur de Veuilly-la-Poterie[84].

Six chapiteaux s'ornent de larges bandeaux, aux bordures légèrement ourlées, tels des rubans, terminés par des folioles digitées. Trois d'entre eux venaient agrémenter les piles de la nef[85]. Les tiges forment toujours des arcs de cercle qui se rejoignent à l'angle supérieur de la corbeille en étant parfois rassemblés par une bague. Des feuilles lobées, des palmettes agrémentent certains exemplaires. Des animaux, en partie inférieure, complètent la corbeille 82 : allongés sur le dos, les pattes en l'air, ils vomissent de larges tiges recourbées (fig. 7). La composition 89 (fig. 8), par l'usage de tiges qui se développent en éventail à l'intérieur des cercles, est proche des deux compositions à rinceaux, 88 et 91. Ce motif de rubans est très singulier, puisqu'il est, à notre connaissance, uniquement employé dans cet édifice.

80. HANQUIEZ 2008, p. 120-123.
81. CROSBY 1987, p. 401, 418.
82. BIDEAULT et LAUTIER 1987, p. 110-117.

83. VERGNET-RUIZ 1949, p. 101-123.
84. MASSARY 1990, p. 689-700.
85. La corbeille 49 prenait place sur la quatrième pile nord et celles 89 et 145 sur la cinquième pile nord. Les pièces 57, 82, 96 n'ont pu être replacées dans leur contexte architectural.

Fig. 6 : *Chapiteau à rinceaux, n° inv. 88*
(cl. Delphine Hanquiez).

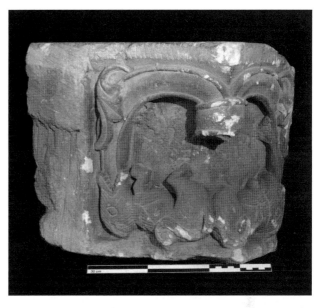

Fig. 7 : *Chapiteau rubané, n° inv. 82*
(cl. Delphine Hanquiez).

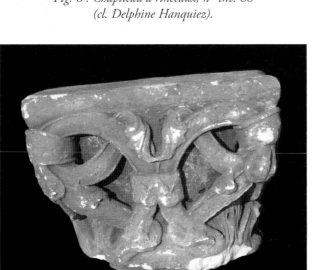

Fig. 8 : *Chapiteau rubané, n° inv. 89*
(cl. Delphine Hanquiez).

Fig. 9 : *Chapiteau à feuilles digitées, n° inv. 55*
(cl. Delphine Hanquiez).

Deux chapiteaux utilisent des motifs de feuilles digitées qui sont disposées sur un double rang[86]. La corbeille 86 présente des feuilles assez simples tandis que la corbeille 55 est sculptée de feuilles plus animées : les feuilles se développent en éventail en partie inférieure et les tiges digitées en partie supérieure se recourbent au

contact de l'abaque (fig. 9). Des feuilles similaires, qui peuvent être comparées à des feuilles d'acanthe stylisées, ont été utilisées dans la nef de Lavilletertre (vers 1140-1150)[87], dans la nef de Bury, dans l'église de Foulangues. Dans les années 1130, de larges palmettes digitées ornent des corbeilles du chœur de Saint-Martin-des-Champs et celles de l'avant-nef de Saint-Denis.

_____
86. Ces pièces n'ont pas pu être replacées dans leur contexte monumental.

_____
87. Prache 1983, p. 249-252.

*Fig. 10 : Chapiteau à feuilles digitées et entrelacs végétaux,
n° inv. 59 (cl. Delphine Hanquiez).*

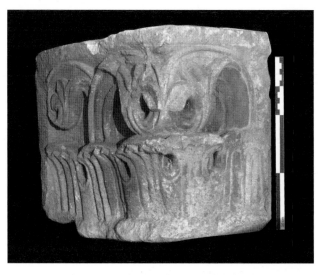

*Fig. 11 : Chapiteau à feuilles digitées et bandeaux feuillagés,
n° inv. 61 (cl. Delphine Hanquiez).*

*Fig. 12 : Chapiteau à feuilles digitées et tiges recourbées,
n° inv. 56 (cl. Delphine Hanquiez).*

*Fig. 13 : Chapiteau à feuilles digitées et tiges recourbées,
n° inv. 80 (cl. Delphine Hanquiez).*

Dans une catégorie intermédiaire, ont été regroupés dix chapiteaux qui présentent des feuilles digitées accompagnées soit de rinceaux, soit de larges bandeaux terminés par des feuillages plus ou moins envahissants ; cinq sont à replacer au premier niveau[88]. Pour la première composition (59 et 149 peut-être), la collerette inférieure ornée de feuilles digitées est surmontée d'entrelacs végétaux qui se développent comme une ondulation (fig. 10), tandis que pour les suivantes (15, 61, 65, 81, 98, 141, 159 et 225), assez similaires, les bandeaux terminés par des feuillages

88. Les pièces 98, 141 appartenaient à la quatrième pile nord, celles 65, 81 et peut-être 61 à la cinquième pile sud. Quelques autres n'ont pas pu être localisées précisément : 15, 59, 149, 159, 225.

partent de la face médiane suivant une courbe pour atteindre l'angle supérieur de la corbeille (fig. 11).

Quatre autres compositions font également usage de feuilles digitées en partie inférieure, mais elles sont cette fois-ci surmontées de tiges recourbées se terminant en volutes d'angle spiralées[89], qui peuvent évoquer les caulicoles des chapiteaux antiques. Des détails très décoratifs agrémentent l'exemplaire 56 (fig. 12) : les volutes sont ponctuées de trous percés au trépan et les digitations externes de la feuille sont ornées de pointes de diamant tandis qu'une série de lignes en dents de scie légèrement incisées en surface ornent le fond de la corbeille. L'exemplaire 80 (fig. 13) est très proche du chapiteau précédent par le traitement des fines tiges qui se terminent en volute mais l'aspect décoratif est totalement banni. Ces chapiteaux évoquent dans une certaine mesure des compositions de la crypte de Saint-Denis[90].

Sur les compositions 97 (fig. 14) et 116, similaires, des vaguelettes soulignent les feuilles digitées qui occupent la partie médiane de la corbeille et qui alternent avec des petites palmettes ; les volutes d'angle en partie supérieure sont agrémentées d'une frise de fines perles. Sur la face principale de la corbeille 97, le dé est orné d'un motif feuillagé trilobé.

Dans une autre catégorie, ont été rassemblés onze chapiteaux et frises agrémentés de palmettes digitées ; ils proviennent de l'ornementation extérieure des dernières travées du bas-côté nord. Deux blocs[91] sont sculptés de petites palmettes à cinq digitations alternant avec des feuilles plus hautes polylobées, qui se développent en éventail. Des motifs similaires sont utilisés pour trois autres frises, si ce n'est que les digitations des palmettes sont plus fortement séparées entre elles[92] (fig. 15). Elles sont très proches de la frise extérieure séparant les deux niveaux de l'avant-nef de Saint-Leu-d'Esserent, où les palmettes à trois folioles digitées et côtelées sont encadrées de deux autres folioles recourbées. Quatre autres exemplaires proposent une frise de feuilles digitées recourbées alternant avec de petites palmettes à cinq lobes[93]. Ce même motif se retrouve sur la pièce 110 mais

---

89. Deux pièces sont à replacer au premier niveau, à la quatrième pile nord : 80 et cinquième pile nord : 56 ; deux autres n'ont pas été localisées : 97, 116.

90. Crosby 1987, p. 418.

91. Ils provenaient d'une frise prolongeant un chapiteau extérieur : il s'agit des pièces 72, 223.

92. Les pièces 60, 104, 105 agrémentaient les contreforts des deux dernières travées du bas-côté nord, ainsi que probablement la pièce fragmentaire 118.

93. Ce sont les pièces 103, 140, 219, 228, ornant les contreforts.

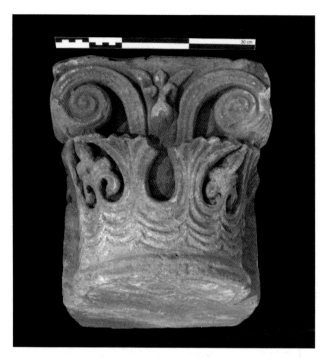

Fig. 14 : Chapiteau à volutes d'angle et palmettes digitées, n° inv. 97 (cl. Delphine Hanquiez).

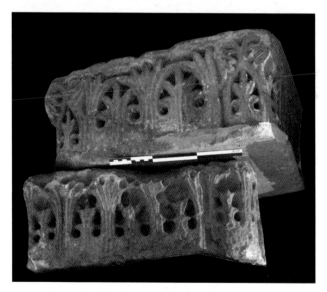

Fig. 15 : Chapiteau et frise de palmettes digitées, n° inv. 104 et 105 (cl. Delphine Hanquiez).

le traitement général diffère légèrement : les jeux d'ombre et de lumière présents sur les précédents exemplaires sont ici inexistants. La corbeille 115 est également sculptée de feuilles digitées[94] : sur la face principale une petite feuille

---

94. Cette corbeille n'a pas été localisée.

Fig. 16 : Chapiteau et frise de feuilles lisses, n° inv. 128
(cl. Delphine Hanquiez).

Fig. 17 : Chapiteau à feuilles lisses grasses, n° inv. 229
(cl. Delphine Hanquiez).

Fig. 18 : Chapiteau à feuilles lisses aux terminaisons renflées,
n° inv. 28 (cl. Delphine Hanquiez).

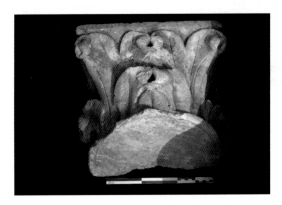

Fig. 19 : Chapiteau à feuilles agrémentées d'incisions,
n° inv. 52 (cl. Delphine Hanquiez).

à sept digitations est encadrée de deux grandes feuilles d'angle trifoliées aux lobes également digités ; les nervures centrales sont perlées.

Seize compositions s'ornent de feuilles lisses, employées très largement dans les édifices du premier art gothique. Les feuilles peuvent être traitées différemment selon les corbeilles. Elles peuvent soit être très simples, parfois de forme ovoïde (fig. 16), ou légèrement ourlées dans leur partie supérieure ; certaines de ces corbeilles provenaient du deuxième niveau[95]. Des œillets ponctuent parfois la composition. Les feuilles du chapiteau 229 (fig. 17) sont soulignées sur leur bordure de manière à présenter une réelle épaisseur et à conférer un aspect plus ornemental, qui peut trouver un parallèle avec les corbeilles de la nef de Saint-Étienne de Beauvais, érigée dans les années 1130-1140.

Sur certaines corbeilles, les feuilles se replient sur elles-mêmes à leur extrémité pour former soit une volute d'angle qui s'enroule en spirale[96], soit une légère excroissance[97] (fig. 18), à la manière des compositions de Saint-Germer-de-Fly par exemple. Le chapiteau 207 est agrémenté de feuilles lisses quadrangulaires qui soulignent les feuilles à volutes[98].

Huit corbeilles offrent des feuilles agrémentées de légères incisions qui soulignent et animent la surface concave des feuilles[99] ; la pièce 52 est un modèle réussi de

95. Il s'agit des pièces 128, 201 (?) et 220 ; celles 199, 200, 212 et 229 n'ont pas été localisées.

96. La corbeille 93 provient de la cinquième pile nord de la nef. La pièce 64 devait provenir du premier niveau (ou retombée des voûtes hautes).

97. La pièce 146 devait provenir du premier niveau (ou retombée des voûtes hautes) ; les pièces 28, 87, 210 proviennent du deuxième niveau ; la pièce 7 n'a pas été localisée avec précision mais il est possible qu'elle vienne du deuxième niveau. La pièce 198 devait avoir été mise en place autour d'une fenêtre.

98. Il n'a pas été localisé.

99. La corbeille 95 était située au premier niveau, peut-être sur la troisième pile sud de la nef ; les autres n'ont pas été localisées : 48, 50, 52, 58, 70, 73, 90.

*Fig. 20 : Chapiteau à volutes d'angle, n° inv. 160
(cl. Delphine Hanquiez).*

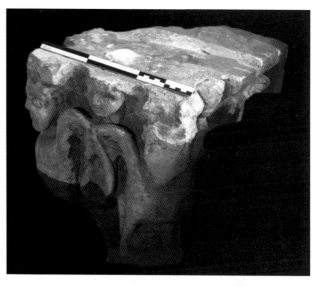

*Fig. 21 : Chapiteau avec des sirènes, n° inv. 53
(cl. Delphine Hanquiez).*

*Fig. 22 : Chapiteau avec deux personnages, n° inv. 66
(cl. Delphine Hanquiez).*

cette série (fig. 19). Le traitement des terminaisons s'apparente à celui de certaines corbeilles du chœur de Saint-Germer-de-Fly.

La corbeille 160, assez singulière, ne se rattache pas à l'une des catégories précédemment définies[100]. Elle se compose de larges volutes d'angle aux contours surlignés d'un filet en relief, qui se terminent par des feuilles trilobées et desquelles tombe un fruit grenu (fig. 20).

À côté des compositions feuillagées, se distinguent trois chapiteaux ornés de motifs anthropomorphes et zoomorphes. Le premier (53) est sculpté de deux sirènes à corps d'oiseau et à tête féminine, caractérisée par des yeux assez larges et de petites oreilles placées assez haut[101] (fig. 21). Le plumage est traité comme des écailles striées. Une petite tête agrémente le dé de la face principale. Un motif a été sculpté à droite : il s'agit d'un oiseau avec de longues pattes, vu de profil. La représentation de sirènes n'est pas étrangère au répertoire iconographique des édifices géographiquement proches ; elles sont figurées à Saint-Leu-d'Esserent dans la tribune où elles portent chacune une sorte de couvre-chef formé de têtes de serpents affrontés, dont la bouche et les yeux surlignés constituent les seuls détails. Sur un des chapiteaux de la nef de Bury, la sirène à corps d'oiseau et à tête humaine domine un corps d'animal,

peut-être un chien. De telles figures, traitées néanmoins avec plus de verve et de réalisme, ornent les angles du chapiteau de la pile faible sud de la travée sexpartite du chœur de l'église Saint-Julien-le-Pauvre de Paris[102].

---

100. Elle prenait place à la cinquième pile nord.

101. Il recevait la retombée des voûtes de la nef.

---

102. Le traitement de ce chapiteau n'est pas très éloigné du double chapiteau provenant du cloître de l'abbatiale de Saint-Denis et présentant deux harpies, l'une à tête d'homme, l'autre à tête de femme, qui est conservé au musée national du Moyen Âge, à Paris. ANTOINE, DECTOT, FRITSCH *et al.* 2003, p. 48-49 (notice de X. Dectot).

Fig. 23 : Chapiteau à feuillages et oiseaux, n° inv. 101
(cl. Delphine Hanquiez).

Fig. 24 : Chapiteau à feuilles dentées, n° inv. 9
(cl. Delphine Hanquiez).

Fig. 25 : Chapiteau à crochets d'angle, n° inv. 102
(cl. Delphine Hanquiez).

La seconde composition creilloise (66), très érodée, présente à l'angle un personnage tenant peut-être une crosse dans la main gauche, accompagné d'un autre, debout, dont le visage a été bûché au taillant droit[103] (fig. 22). L'interprétation de ce chapiteau est difficile. Sur le troisième (101), les feuilles en partie inférieure portent des oiseaux figurés de profil, adossés sur la face principale (fig. 23).

Les motifs qui viennent d'être présentés appartiennent au vocabulaire ornemental du premier art gothique. Les chapiteaux suivants, en nombre plus réduit, font partie quant à eux des réalisations de la fin du XIIᵉ siècle.

Il s'agit tout d'abord de cinq corbeilles ornées de feuilles dentées. Sur trois compositions, des feuilles dentées et lobées ont été disposées en partie inférieure entre les feuilles lisses ou à volutes d'angle[104]. La corbeille 9 (fig. 24) s'orne d'un double rang de feuilles dentées, comme il en

était peut-être pour le fragment 196[105]. Ce genre de motif apparaît dans le dernier tiers du XIIᵉ siècle ; il est ainsi utilisé dans la nef de la cathédrale de Lisieux, dans le chœur de Saint-Remi de Reims, ou dans les tribunes du chœur de Notre-Dame de Paris[106].

L'exemplaire 102[107], caractéristique des chapiteaux à crochets de la fin du XIIᵉ siècle, présente des feuilles côtelées

---

103. Cette corbeille n'a pas été localisée.

104. Les exemplaires 27, 85, 158 provenaient tous du deuxième niveau.

105. La pièce 9 provenait du deuxième niveau, dans la quatrième travée sud.

106. Jalabert 1932, p. 199-200.

107. Il provenait peut-être de la troisième pile sud de la nef.

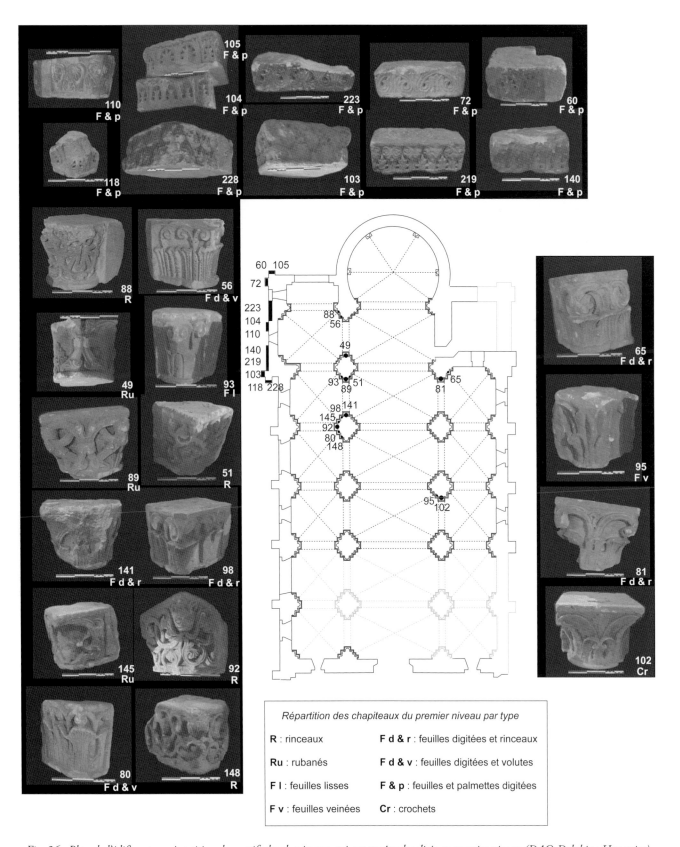

Fig. 26 : Plan de l'édifice, avec répartition des motifs des chapiteaux qui ont pu être localisés au premier niveau (DAO Delphine Hanquiez).

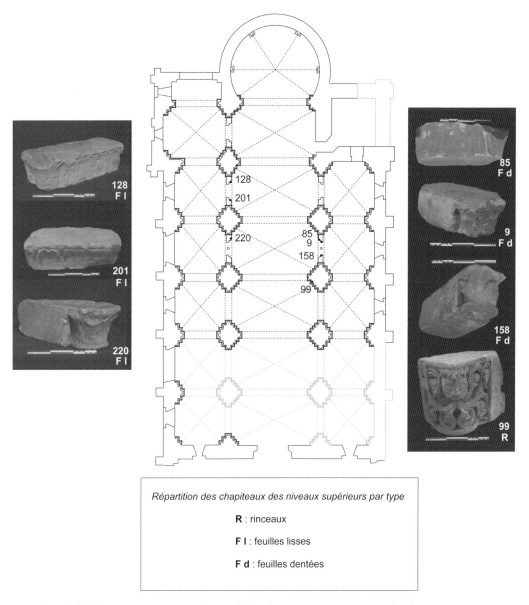

Fig. 27 : Plan de l'édifice, avec répartition des motifs des chapiteaux qui ont pu être localisés aux niveaux supérieurs (DAO Delphine Hanquiez).

se terminant par des volutes (fig. 25). Le départ des crochets, entre les deux côtes médianes, est recouvert d'une longue et fine feuille dentée; le fond de la corbeille est occupé par une feuille redentée. La composition 106[108], assez érodée, offre des feuilles côtelées se terminant par d'amples volutes.

L'étude des chapiteaux et de leur emplacement dans le monument permet d'entrevoir une certaine répartition des motifs sculptés (fig. 26 et 27). Les corbeilles se ratta-

chant au vocabulaire ornemental du premier art gothique, en faisant usage de rinceaux, de feuilles digitées et de palmettes, étaient situées dans les travées les plus orientales du monument et dans les dernières travées du bas-côté nord à l'extérieur. Les compositions évoquant les chapiteaux à crochets, parfois animés de feuilles dentées, utilisés dans le dernier tiers du XIIe siècle étaient répartis au deuxième niveau ainsi que sur la troisième pile sud. Cette distribution permet d'envisager un déroulement de la construction de l'est vers l'ouest, du milieu du XIIe siècle jusque vers le troisième quart de ce même siècle.

---

108. Elle n'a pas été localisée.

Sources

Acta Sanctorum, Juin, t. II, 1698.

Gallia Christiana, in provincias ecclesiasticas distributa…, t. IX et X (province de Reims), 1751, t. XI (province de Rouen), 1759.

LECOY DE LA MARCHE A.
1867, *Œuvres complètes de Suger*, Paris, Mme. ve. J. Renouard.

ORDERIC VITAL
1972, *Historia ecclesiastica*, CHIBNALL M. (éd.), Oxford, vol. III.

PROU M.
1928, *Recueil des actes de Philippe Ier, roi de France (1059-1108)*, Paris, Imprimerie nationale.

Bibliographie

ANTOINE É., DECTOT X., FRITSCH J. *et al.*
2003, *Le musée national du Moyen Âge. Thermes de Cluny*, Paris, éd. RMN.

ARIÈS M.
1974, *La Manufacture de Creil : 1797-1895*, Paris, Librairie Guénégaud.

AUBERT M.
1951, « L'église de Gonesse (Seine-et-Oise) », *Bulletin monumental*, 109, p. 424-428.

BIDEAULT M. et LAUTIER C.
1987, *Île-de-France gothique 1, Les églises de la vallée de l'Oise et du Beauvaisis*, coll. Les Monuments de la France gothique, Paris, Picard.

BONNECASE C.
1992, « L'ancienne collégiale Saint-Martin de Picquigny », *Revue du Nord*, LXXIV, n° 297-298, p. 509-521.

BOURSIER Dr
1883, *Histoire de la ville et châtellenie de Creil (Oise)*, Paris, Picard (2e éd., Paris, Dumerchez-Naoum, 1983).

BRANNER R.
1962, *La cathédrale de Bourges et sa place dans l'architecture gothique*, Paris-Bourges.

CERCEAU J.-A. DU
1868, *Les plus excellens bastimens de France*, nouvelle édition augmentée de planches inédites de Du Cerceau, Paris, A. Lévy, t. 1 (éd. originale 1567).

CHÂTELAIN A.
1983, *Châteaux forts et féodalité en Île-de-France, du XIe au XIIIe siècle*, Nonette, éd. Créer.

CORVISIER C.
1997, « Les châteaux de pierre des XIe et XIIe siècles dans l'Oise. Types d'implantation castrale », dans *L'art roman dans l'Oise et ses environs*, Actes du colloque Beauvais, 7-8 octobre 1995, Beauvais, GEMOB éditeur, p. 207-220.

CROSBY S. McK.
1987, *The royal abbey of Saint-Denis : from Its Beginnings to the Death of Suger, 475-1151*, New Haven et Londres, Yale University Press.

DRAPER P.
1983, « William of Sens and the Original Design of the Choir Termination of Canterbury Cathedral, 1175-1179 », *Journal of the Society of Architectural Historians*, 42, p. 238-248.

DUBOC J.
2004, « Le chevet de l'église Saint-Sulpice de Chars », mémoire de maîtrise, université Charles-de-Gaulle-Lille 3, dir. Arnaud Timbert.

GÖTZ W.
1968, *Zentral und Zentralbautendenz in der gotischen Architektur*, Berlin, éd. Gebr. Mann.

HANQUIEZ D.
2008, « L'église prieurale de Saint-Leu-d'Esserent (Oise) : analyse architecturale et archéologique », thèse de doctorat, université Charles-de-Gaulle-Lille 3, dir. Christian Heck.

HENRIET J.
1976, « Le chœur de Saint-Mathurin de Larchant et Notre-Dame de Paris », *Bulletin monumental*, 134, p. 289-307.
1982, « La cathédrale Saint-Étienne de Sens : le parti du premier Maître et les campagnes du XIIe siècle », *Bulletin monumental*, 140, p. 81-174.

HENWOOD-REVERDOT A.
1982, *L'église Saint-Étienne de Beauvais*, Beauvais, GEMOB.

JALABERT D.
1932, « La flore gothique, ses origines, son évolution, du XIIe au XVe siècle », *Bulletin monumental*, 91, p. 181-246.

LASTEYRIE R. DE
1926, *L'architecture religieuse en France à l'époque gothique*, Paris, Auguste Picard, t. 1.

LEFÈVRE-PONTALIS E.

1894-1896, *L'architecture religieuse dans l'ancien diocèse de Soissons au XIᵉ siècle et au XIIᵉ siècle*, 2 vol., Paris.

1904, « Saint-Évremond de Creil, notice nécrologique », *Bulletin monumental*, 68, p. 160-182.

LÉPINOIS E. DE

1874-1877, « Recherches historiques et critiques sur l'ancien comté et les comtes de Clermont en Beauvoisis du XIᵉ au XIIIᵉ siècle », *Mémoires de la société académique d'archéologie, sciences et arts du département de l'Oise*, 9-10.

LUÇAY H. DE

1878, *Le comté de Clermont en Beauvaisis, études pour servir à son histoire*, Paris, Dumoulin.

MASSARY X. DE

1990, « L'église de Veuilly-la-Poterie », *Congrès archéologique de France*, Aisne méridionale, 148, t. II, p. 689-700.

MATHON M.

1861, « Notice historique sur la ville de Creil et sur son ancien château », *Mémoires de la Société académique d'archéologie, sciences et arts du département de l'Oise*, t. IV, p. 590-644.

MÜLLER E.

1901, *Le prieuré de Saint-Leu-d'Esserent, cartulaire*, Pontoise, société historique du Vexin.

1920, *Le prieuré de Saint-Leu-d'Esserent, monographie de l'église de Saint-Leu-d'Esserent*, Pontoise.

PELLERIN A. et PELLERIN A.

1873, *Saint Évremond ermite dans le diocèse de Bayeux*, Caen, Librairie Chênel et Chapelle-Montligeon.

PLAGNIEUX P.

2000, « L'abbatiale Saint-Germain-des-Prés et les débuts de l'architecture gothique », *Bulletin monumental*, 158, p. 6-86.

POPULAIRE D.

1982, *Creil (Oise) images et documents 1789-1935*, Beauvais.

PRACHE A.

1983, *Île-de-France romane*, La-Pierre-qui-Vire, éd. Zodiaque (La Nuit des Temps : 60).

RÉAU L.

1958, *Iconographie de l'art chrétien*, t. III, *Iconographie des saints*, Paris, PUF, vol. 3.

SALET F.

1946, « Notre-Dame de Poissy », *Congrès archéologique de France*, Paris-Mantes, 104, p. 221-268.

TIMBERT A.

2001, « Le chevet de la Madeleine de Vézelay et le début de l'architecture gothique en Bourgogne », thèse de doctorat, université de Franche-Comté, dir. Éliane Vergnolle.

VALLERY-RADOT J.

1958, « L'église Saint-Eusèbe d'Auxerre », *Congrès archéologique de France*, Auxerre, 116, p. 87-96.

VERGNET-RUIZ J.

1949, « L'église de Foulangues », *Bulletin monumental*, 107, p. 101-123.

VERMAND D.

1987, *La cathédrale Notre-Dame de Senlis au XIIᵉ siècle : étude historique et monumentale*, Senlis, Mémoires de la Société d'Histoire et d'Archéologie de Senlis.

VIOLLET-LE-DUC E.

1854-1868, *Dictionnaire raisonné de l'architecture française du XIᵉ siècle au XVIᵉ siècle*, 10 vol., Paris, B. Bance.

WOILLEZ E.

1839-1849, *Archéologie des monuments religieux de l'ancien Beauvoisis pendant la métamorphose romane*, Paris, Derache.

À PROPOS DE TROIS TÊTES SCULPTÉES PROVENANT DE L'ABBAYE DE ROYALLIEU (OISE) (PREMIER QUART DU XIVe SIÈCLE)

Stéphanie Diane DAUSSY*

TROIS TÊTES SCULPTÉES (fig. 6 à 8 *infra*), deux masculines et une féminine, ont dernièrement été retrouvées sous un appentis, auprès du mur mitoyen de la ferme et de l'abbaye de Royallieu près de Compiègne. Toutes trois forment un ensemble cohérent appartenant selon toute vraisemblance au décor initial de l'établissement fondé par Philippe le Bel en 1308. Elles participent probablement de la riche iconographie royale développée sous le règne de Philippe IV.

Le lieu de la découverte de ces trois chefs atteste leur origine. Alors que la datation, dans le premier quart du XIVe siècle, est autorisée par l'analyse du style des sculptures, les physionomies comme les atours (couronnes pour tous ; tunique sous manteau boutonné à l'épaule pour l'un)[1] suggèrent l'identification de têtes royales. Le contexte de la donation corrobore l'hypothèse et autorise à proposer l'éventuel emplacement des statues.

En 1303, Philippe le Bel (1269-1314) cède aux instances de son aumônier, Jean des Granges († 1314), frère de Sainte-Catherine du Val-des-Écoliers à Paris. Il fonde alors, avec le soutien du prieur Laurent de Dreux[2], un prieuré contigu à sa demeure de La Neuville-aux-Bois près de Compiègne[3]. Vingt religieux de la maison-mère sont appelés comme chapelains[4] et un morceau de la Vraie Croix de la Sainte-Chapelle y est porté[5]. De nouvelles

---

* Docteur en histoire de l'art, université Charles-de-Gaulle-Lille 3, IRHiS-UMR CNRS 8529 ; membre associé du Groupe de recherches sur la cathédrale de Noyon.

1. À ce propos, voir *Art au temps des rois maudits* 1998, p. 131 et GILLERMAN 1994, p. 140-142. La première apparition connue du souverain portant la tunique sous un manteau agrafé à l'épaule, comme au sacre, serait celle du gisant de Philippe IV le Bel à Poissy – connu par un dessin de la collection Gaignières.

2. FISQUET 1867, p. 500. Sur la congrégation du Val-des-Écoliers, voir GUYON 1998.

3. Cette fondation, sous le vocable initial de Notre-Dame et Saint-Jean-Baptiste, a lieu dans sa maison royale, là où en 1298 il avait déjà installé une chapellenie : LANGLOIS 1917, n° 132, 133, p. 294 ; LALOU 1991, p. 151-152 ; CHAPELOT 2001, p. 41. Pour la fondation de 1303, cf. AN, JJ 460, n° 24 (minute) ; JJ 40, n° 1-1v, n° 1 (inv., n° 343) ; GUYNEMER 1911, p. VI ; pour le cartulaire original : BnF, ms. lat. 5434 ; *Gallia Christiana*, IX, col. 454 ; COTTINEAU 1936, col. 2557. Le cartulaire original fut exécuté en 1358, après la perte des archives du prieuré dans l'incendie de 1334. Les chartes royales avaient été récupérées à la chancellerie, les autres durent être reconstituées.

4. AN, JJ 40, fol. 4v, n° 8 (inv. 350) ; GUYNEMER 1911, VIII, IX.

5. Chaque vendredi saint, les religieux de Royallieu doivent emmener en procession cette relique jusqu'au château de Compiègne. Elle leur reste attachée et lors de l'échange de mars 1634 avec les religieuses de Saint-Jean-au-Bois, ils l'emportent avec eux : LALOU

Fig. 1 : Statues royales du transept de la priorale de Poissy / Limozin (BnF).

lettres de fondation sont données en 1308 et Jean des Granges est nommé premier prieur[6]. L'église priorale est alors dédiée à Saint Louis et, en son honneur, le lieu est rebaptisé Royallieu. Le roi commence à y faire exécuter des travaux dont le détail reste ignoré[7].

La date de fondation peut donc être choisie comme *terminus post quem* pour la datation des statues, ce qui nous autorise à les reconnaître comme étant les effigies de Saint Louis, patron de l'église, Philippe le Bel, fondateur, et Marguerite de Provence, épouse de Louis IX. À n'en pas douter, le choix d'une représentation de Saint Louis, de sa femme et de leur petit-fils s'inscrit dans une pratique répandue en Europe qui consiste à rendre hommage aux souverains protecteurs tout en légitimant la dynastie et en

affirmant la pérennité de la fonction royale. La démarche se fait l'écho de la série de statues de la Grand'Salle du Palais à Paris (avant 1314) et de celles du prieuré Saint-Louis de Poissy (1304)[8] (fig. 1), donnant une dimension toute idéologique au programme sculpté de Royallieu. L'existence même de trois têtes royales autorise en outre, dans le contexte des fondations religieuses de Philippe IV, à imaginer un décor sculpté composé éventuellement de plusieurs descendants de Louis IX[9]. L'admiration profonde

_____

1991, p. 152-153 ; GUYON 1998, p. 321. Sur l'échange entre les deux établissements, voir note 22.

6. *Gallia Christiana*, X, *Instrumenta*, p. 142, chap. LXX et vidimus de la charte d'août 1308, annulant la précédente datée de 1303, cités dans GUYNEMER 1911, p. 17-22. Sur Jean des Granges : LA SELLE 1990, p. 93-107.

7. LANGLOIS (éd.) 1899, n° 2207-2208 ; LALOU 1991, p. 152 ; CHAPELOT 2001, p. 38.

_____

8. Le décor sculpté de l'église conventuelle de Saint-Louis de Poissy se composait des statues de Saint Louis et Marguerite de Provence, de part et d'autre du jubé, et des six enfants du couple, à la partie inférieure du mur de fond du bras est du transept : Louis, Philippe III, Jean-Tristan, Isabelle, Pierre d'Alençon et Robert de Clermont. Il ne reste plus que la statue d'Isabelle de France (1242-1271) et celle, mutilée, de Pierre d'Alençon : cf. « Sculptures de la priorale Saint-Louis de Poissy », dans *Art au temps des rois maudits* 1998, p. 86-89.

9. Les fondations religieuses de Philippe le Bel, qui s'échelonnent entre 1300 et 1310, sont étudiées dans LALOU 1991. Il s'agit des prieurés des Célestins à Ambert et Chanteau dans la forêt d'Orléans, de Saint-Pierre-au-Mont-de-Châtres dans la forêt de

Fig. 2 : BnF, Est., OA10, fol. 45.
Statue de Jeanne de Navarre – portail du collège de Navarre,
1309, d'après Gaignières (cl. BnF).

Fig. 3 : BnF, Est., OA10, fol. 46.
Statue de Philippe le Bel – portail du collège de Navarre,
1309, d'après Gaignières (cl. BnF).

que voue Philippe le Bel à son grand-père explique ce choix comme elle instruit sur la richesse du prieuré qui est le plus somptueusement doté de l'ordre[10]. La fondation compiégnoise est ainsi la seconde après celle de Poissy à être dédiée à Saint Louis. Il n'est pas exclu que la statue féminine puisse d'ailleurs être celle de Jeanne de Navarre (1271-†1305), épouse défunte de Philippe IV qui lui était particulièrement attaché et qui, depuis son veuvage,

développait un certain mysticisme[11]. Elle accompagnerait ainsi son époux et Saint Louis selon le même principe qu'au collège de Navarre (après 1309)[12] (fig. 2-3).

───────

11. Sur les preuves de cet attachement, voir LALOU 1991, p. 151, note 54 ; GUYON 1998, p. 110. L'auteur indique que le roi aurait chargé les religieux de prier pour les membres de sa famille en même temps que de la promotion du culte de Saint Louis, ce que corrobore le vocable du prieuré et le feuillet enluminé du cartulaire de Royallieu : BnF, ms. lat. 5434, fol. 9 dans GUYNEMER 1911, pl. ; GUYON 1998, p. 417.

12. Au collège de Navarre, les statues de Jeanne de Navarre, fondatrice, et de Philippe le Bel étaient disposées dans des niches à dais qui flanquaient le portail d'entrée, sur rue : cf. BnF, Est., Va 256a. D'autres statues du roi, de la reine et de Saint Louis étaient au portail de la chapelle de ce même collège. Voir la description des statues dans LAUNOY 1677, p. 40, note 37 et leur étude dans GILLERMAN 1994, p. 139-142 cités dans DAVIS 2001, p. 199.

───────

Compiègne, des Clarisses du Moncel, des Mathurins à Arsagues, de la chartreuse de Mont-Saint-Louis à Pont-l'Évêque près de Noyon, des Carmes à Paris, d'une chapelle au Louvre et du prieuré Saint-Louis de Poissy.

10. Sur le détail des dotations du prieuré voir GUYNEMER 1911, p. 17-22, n° 1, p. 22-23, n° 2, p. 23-24, n° 3, p. 24-26, n° 4 et 5, p. 26, n° 6, p. 27-29, n° 8, p. 29-32, n° 9 ; GUYON 1998, p. 109.

À l'appui de cette hypothèse, le fait que le prieur de Royallieu, Jean des Granges, ait été aumônier de la reine, exécuteur testamentaire de celle-ci et chargé de la réalisation du collège de Navarre, constitue un argument de poids[13].

Au regard de l'analyse stylistique, la datation des têtes peut être bornée au *terminus ante quem* des années 1320. Une exécution des sculptures à la limite du quart de ce siècle appellerait alors une révision de la proposition du donateur tout en complexifiant son identification. Se succèdent en effet sur le trône, entre 1314 et 1328, les trois fils de Philippe IV le Bel : Louis X le Hutin (1314-1316), Philippe V le Long (1316-1322) et Charles IV le Bel (1322-1328). Que l'un ou l'autre de ces rois ait été le donateur des statues ne change rien à la portée idéologique et politique de celles-ci[14]. La fondation du prieuré par Philippe le Bel privilégie cependant son implication dans cette commande qui dès lors incrémente l'iconographie déjà riche de sa personne[15]. La dévotion du roi à son saint aïeul – qu'il imite en particulier en multipliant les fondations religieuses –, les liens entre le souverain, la reine, le prieuré du Val et le prieur de Royallieu, parlent en faveur de cette proposition.

Aucun document graphique des lieux ne vient nous renseigner sur la localisation des statues dans l'abbaye. Les documents iconographiques sont le plus souvent des vues lointaines du prieuré, telles les peintures d'Oudry (1737)[16]. Les dessins du Compiégnois Léré (1761-1837)[17]

Cette figure du Roy S.t Louis est a droite au dessus du Jubé des Religieuses dans l'Eglise de S.t Louis de Poissy, 1270.

Fig. 4 : BnF, Res, OA9, fol. 55. Statue de Saint Louis cantonnant le jubé de la priorale de Poissy, coll. Gaignières (cl. BnF).

---

13. Sur Jean des Granges voir note 6. Pour son statut d'aumônier de la reine Jeanne et d'exécuteur testamentaire de celle-ci, cf. AN, J 403, n° 16 cité dans LALOU 1991, p. 152 note 57.

14. Les fils de Philippe IV ont également doté le prieuré de Royallieu mais plus modestement que leur père : GUYON 1998, p. 319.

15. Les divers portraits de Philippe le Bel sont cités, notamment, dans RECHT 1986, p. 189-190. Les images du roi sont encore étudiées dans BROWN 1988.

16. Fontainebleau, musée national du château de Fontainebleau : inv. INV 7010 ; MR 2267. *Chasse au cerf dans l'Oise à la vue de Compiègne du côté de Royallieu* par Jean-Baptise Oudry, 1737, peinture à l'huile (3ᵉ carton d'une série de cartons de tapisserie de la suite des Chasses Royales de Louis XV. Peints entre 1735 et 1746. Les tapisseries devaient décorer les appartements du Roi au château de Compiègne), h = 357 ; la = 991 cm.

Versailles, châteaux de Versailles et de Trianon : V137 ; MV5416. *Le cerf passe l'Oise du côté de Royallieu, en vue de la ville de Compiègne* par Jean-Baptise Oudry, 1779, porcelaine tendre, h = 39 ; la = 49 cm.

17. Jean Antoine François Léré était négociant compiègnois et occupa plusieurs fonctions dans l'administration de la ville. En 1819, il fut officiellement chargé par la préfecture de l'Oise d'une mission de recherches sur les monuments du département. Il prit de multiples notes et fit de nombreux dessins des monuments de la ville, pour la

sont succincts et s'attachent surtout aux bâtiments de la ferme dépendant du monastère, à l'enclos et au portail d'entrée[18]. Un seul relevé fut exécuté en vue des saisies et ventes révolutionnaires ; il ne concerne que la ferme et sa mitoyenneté avec l'abbaye, réduisant l'indication de l'église à un tracé non détaillé[19].

---

plupart détruits durant la Révolution. Le fonds Léré rassemble une documentation diverse sur l'histoire et les monuments de Compiègne. Hormis deux portefeuilles disparus en 1940 et huit autres conservés à la Division de l'Office national des forêts, c'est la bibliothèque Saint-Corneille qui possède la collection, propriété de la Ville. Sur Léré, voir M. MARION-BARDET, « Jean Antoine François Léré (1761-1837) », communication à la Société Historique de Compiègne, 1ᵉʳ octobre 2005.

18. BM Compiègne, VDC 197/XXIII 1ter.

19. AD Oise, 1 Q 3/551, Plan figuratif de la ferme et des dépendances de l'abbaye de Royallieu, 1791, Domaines Nationaux.

Les sources textuelles n'informent pas davantage sur le décor sculpté. Léré, en 1789, signale seulement une église « joliment décorée[20] ». Les inventaires et procès-verbaux révolutionnaires ne sont guère plus prolixes. Néanmoins nous savons que la priorale, aux murs couverts de lambris, était dotée d'un beau mobilier. Les frères de Royallieu, puis les moniales de Saint-Jean-au-Bois qui leur furent substituées en 1634[21], prenaient place dans des stalles précédées au XVIIIe siècle de grilles. Une tribune, à l'ouest de l'édifice, abritait un buffet d'orgue[22]. Aucun document ne signale la présence de statues dans l'abbatiale. Il n'est pourtant pas impossible que les effigies royales aient pris place au-devant des anciennes chaires, sur le modèle des dispositions de l'abbatiale Saint-Louis de Poissy, autre fondation de Philippe IV le Bel, où les représentations de Louis IX et de son épouse cantonnaient le jubé[23] (fig. 4-5). L'excellente conservation de la polychromie et de la pierre calcaire oriente vers une disposition des statues à l'intérieur de l'édifice. Assurément, l'emplacement de choix qu'était l'entrée du chœur liturgique justifie l'hypothèse d'une présentation à cet endroit des figures royales, fondatrices et protectrices de la dynastie capétienne. Une seconde proposition consisterait à envisager, sur le fondement des comparaisons possibles avec Saint-Louis de Poissy[24], avec l'église des Célestins ou celle des Antonites de Paris, une mise en place dans les ébrasements du portail, en l'occurrence abrité par un porche à Royallieu[25]. Une localisation des statues dans la

Cette figure de Marguerite de Provence, femme du Roy Sᵗ Louis est à gauche au dessus du Jubé des Religieuses dans l'Église de Sᵗ Louis de Poissy. 1285.

Fig. 5 : BnF, Res, OA9, fol. 66.
Statue de Marguerite de Provence cantonnant le jubé
de la priorale de Poissy, coll. Gaignières (cl. BnF).

chapelle royale qui surplombait la porte du pont, à l'entrée du monastère, peut également être proposée. Quoi qu'il en soit, aucune trace visible de perturbation de la polychromie n'atteste une souffrance due à un incendie[26]. Les statues royales, quel qu'ait été leur emplacement, n'ont donc pas souffert des flammes qui touchèrent le prieuré en 1334[27].

Le contexte de la mutilation des statues et de la conservation de leurs chefs reste flou. Aucune source n'en fait précisément état. Après l'incendie de 1334, Philippe VI aide à la reconstruction. En 1430, la maison royale brûle, laissant seul le prieuré qui désormais s'affaiblit. L'établissement décline et en 1444 ne compte plus que quatre

---

20. BM Compiègne, ms. VDC-197/XXIII.

21. L'échange entre les deux monastères eut lieu le 25 mars 1634 : *Gallia Christiana*, IX, col. 454-456.

22. Les dispositions de l'église sont données dans les papiers des Domaines Nationaux : AD Oise, 1 Q 2/1644. Nous y trouvons l'inventaire puis le procès-verbal de saisie des biens des religieuses (9 août 1790 et 17 septembre 1792), qui évoquent parmi le mobilier, châsses, reliquaires, parements d'autel, confessionnal, lutrin, grilles du chœur, lambris, buffet d'orgue et chaire à prêcher. Les stalles et le buffet d'orgue sont évoqués dans l'estimation des biens de l'abbaye faite par l'architecte J.-F. Wacquant, expert nommé par les administrateurs de l'abbaye, le 15 février 1793.

23. BnF, OA9, fol. 55, 66. Poissy, Saint Louis, Marguerite de Provence, dessin de la collection Gaignières.

24. BnF, Pe 1a, fol. 31. Ces six statues des enfans du Roi, etc. [Poissy, statues royales du transept], dessin de la collection Gaignières. BnF, IFN-7741106. Poissy. Ancien prieuré de Saint-Louis. Six statues royales, Limozin, del.

25. Aux Célestins, Charles V (1338-1380) et son épouse, Jeanne de Bourbon, figurent dans les ébrasements du portail occidental. Aux Antonites, le couple était disposé dans les ébrasements du portail implanté à l'extrémité ouest du flanc sud : cf. SANDRON 2001, p. 91-104. Voir aussi SCHLICHT 2005, p. 321.

---

26. Sur les réactions des pierres, enduits, mortiers et pigments au feu, voir VICTOIR 2005, p. 253 et note 22.

27. GUYNEMER 1911, p. VII-VIII et Ch. CII, p. 186-189.

moines qui, toutefois, officient encore dans la chapelle Saint-Louis[28]. Le monastère est donc très amoindri quand il adhère à la congrégation de Sainte-Geneviève (23 décembre 1624). Les religieuses de Saint-Jean-au-Bois négocient alors avec le prieur commendataire de Royallieu l'échange entre les deux lieux et les religieux s'installent définitivement à Saint-Jean en 1649[29]. À la Révolution, ce sont donc des nonnes qui occupent le monastère devenu abbaye. Elles sont au nombre de trente-deux, sous la direction de madame de Soulanges, leur abbesse[30]. Elles désirent dans un premier temps rester dans le couvent[31] mais elles ne sont maintenues dans leur état que peu de temps et sont déjà parties lors de la saisie révolutionnaire, le 17 septembre 1792[32]. Au cours de cette confiscation, l'administrateur et substitut du procureur interrompt la levée et signale les troubles importants dans l'abbaye, en particulier son saccage[33]. Il est vraisemblable que les statues royales ont été cassées lors de ces émeutes, alors que concurremment des objets religieux attirent les convoitises et sont dérobés[34]. La dissimulation des têtes sculptées se comprend sans doute alors dans le sens d'une sauvegarde des objets au titre religieux, si ce n'est au titre esthétique et patrimonial. Le «patrimoine national» préoccupe effectivement la République française depuis l'automne 1790. Pourtant, ce sont deux discours contraires qui perdurent jusqu'en 1793 : celui de la destruction des symboles de l'Ancien Régime et celui de la conservation des monuments du passé. Les critères de définition de ces derniers ne sont d'ailleurs pas uniquement esthétiques[35]. Au contraire des déprédations qui ont cours à Royallieu, les symboles de la royauté et de «l'oppression», bien que fustigés, sont préservés au château de Compiègne[36]. Dans un contexte trouble et ambigu, les détails de la mise à l'abri des têtes sont donc tus par les sources municipales. La date peut censément être proposée entre septembre 1792 – sac de l'abbaye – et mai 1793 – période de la conversion de l'abbaye en hôpital militaire (hôpital de Beaulieu)[37]. Il semblerait d'ailleurs que le 21 février de cette année, l'abbé Baugrand, curé du district en charge de l'église voisine de Saint-Germain, à la suite d'une demande faite en son nom aux officiers municipaux, obtienne l'autorisation de se rendre à Royallieu pour y chercher meubles, objets, tombes et épitaphes[38]. Il n'est pas impossible que, soucieux

---

28. Guynemer 1911, p. VIII et appendice XI.

29. Lalou 1991, p. 153. Il semblerait que la ruine menace alors l'établissement : cf. Dangu 1911, p. 257. Sur l'échange entre les deux monastères, voir *supra* note 22.

30. AD Oise, 1 Q 2/1644 : Inventaire des biens de l'abbaye de Royallieu, 19 août 1790.

31. Elles signent toutes une demande allant en ce sens, le 19 août 1790, alors que l'inventaire des biens dépendant de l'abbaye vient d'être exécuté : AD Oise, 1 Q 2/1644. L'acte consigne le nom et l'âge de toutes les religieuses, de même que leur fonction.

32. Les registres de délibérations communales contiennent les demandes de plusieurs sœurs désireuses d'évacuer Beaulieu : AM Compiègne, 1 D 8, 14 février 1791. AD Oise, 1 Q 2/1644 : saisie des biens de l'abbaye de Royallieu, 17 septembre 1792.

33. AD Oise, 1 Q 2/1644 : «[…] ayant remarqué que la maison étoit pleine d'etrangers qui la devastoient, nous avons fait une revue et avons fait sortir plusieurs et même fait descharger des voitures remplies d'objets non achetés ou qui ne devoient pas être vendus et nous avons dépeché un expres au district pour nous envoyer des gardes nationaux qui nous aidassent à une police salutaire et à la conservation des propriétés nationales». Extrait du rapport de saisie des biens de l'abbaye de Royallieu, 17 septembre 1792.

34. Deux types de pillages d'abbayes ont eu lieu : une première vague fin juillet 1789, une seconde de 1790 à 1793 : voir Bonnet 1992. Les enjeux de la première vague de violence, qui ne s'accompagne pas de vols et est le fait de centaines d'hommes et femmes, ne sont pas religieux. La seconde vague est l'œuvre de plus petits groupes qui pillent et dévastent les lieux (exemple de Liessies). Il semble que le cas de Royallieu illustre ce second phénomène.

35. Ehrard 1993, p. 207.

36. AM Compiègne, 1 D 16/180 : «La cérémonie [de la souveraineté du peuple] se fera dans la salle dite des gardes du ci devant château. Il est bien juste que le souverain siège enfin dans ce local si longtemps occupé par les usurpateurs de la souveraineté. Que vos yeux républicains ne s'offensent pas du spectacle que vous offrira la décoration de cette salle encore souillée des emblèmes de la royauté! Ces signes hideux n'y ont été conservés qu'en vertu d'une loi qui sauvoit des fureurs du vandalisme tous les monuments des arts. Que la vue donc de ces sculptures fleurdelisées loin d'affliger vos cœurs patriotes, vous rappellent toutes les horreurs du despotisme et vous inspire un nouveau degré de haine pour la tyrannie», extrait des délibérations municipales, 29 ventôse an VI.

37. Une délibération de l'administration du département de l'Oise, lors d'une séance du 11 prairial an III, évoque Simon et Louis Quence comme gardiens des lieux depuis le 1er mai 1793, époque à laquelle l'abbaye est transformée en hôpital militaire : AD Oise, 1 Q 2/1650, pièce n° 2350. Les visites de l'hôpital de Beaulieu par les membres du comité de surveillance de l'administration des hôpitaux de Compiègne commencent près d'un an plus tard, le 8 floréal an II (27 avril 1794) : AD Oise, 2 LP 5146. Sur les hôpitaux militaires de Compiègne, voir Bernet *et al.* 1995.

38. Coët 1889, p. 206. L'auteur ne cite pas ses sources et le dépouillement des registres de délibérations municipales n'a pas permis de trouver mention de cette demande et des suites qui lui sont données. La présence effective de dalles funéraires de Royallieu à Saint-Germain semble accréditer l'information, de même que celle d'une statue de Vierge en bois et d'un chandelier, au musée Vivenel, qui proviennent de Saint-Germain mais sont originaires de l'abbatiale (inv. Let 4005.09 et L 3657).

de la récupération de certains objets religieux de l'abbaye, il ait été également à l'origine de la dissimulation des statues. Son engagement équivoque durant la Révolution le laisserait volontiers entendre. Curé de la paroisse Saint-Germain depuis janvier 1786, il prête le serment de fidélité à la constitution civile du clergé le 9 janvier 1791, et est élu procureur de la commune (novembre 1792-novembre 1793). Mais le représentant déchristianisateur André Dumont le contraint le 4 frimaire an II (24 novembre 1793) à quitter sa cure[39], ce qui le conduit sans doute à prendre ses distances par rapport à la Révolution et à agir parfois en opposant à celle-ci, comme le laisse deviner la notice qui le concerne dans le dossier des prêtres du district en 1801[40]. Quoi qu'il en soit, lorsque l'abbaye est convertie en hôpital par décret du 23 octobre 1793[41], l'abbé Baugrand a déjà emporté les objets qu'il désirait et les effigies royales ont sans doute été brisées et déplacées.

Quelles qu'aient été les conditions de la mutilation des statues et le responsable de la mise à l'abri des têtes sculptées de Royallieu, les visites de l'abbatiale par les membres du comité de surveillance des hôpitaux militaires de Compiègne, faites du 8 floréal an II (27 avril 1794) au 21 vendémiaire an V (12 octobre 1796), signalent de nombreuses modifications apportées à l'église, notamment la suppression de l'orgue, mais aucun décor. De même l'architecte René Houllier, qui estime le domaine de l'hôpital le 24 thermidor an V (10 août 1797), ne relève aucune œuvre dans l'édifice[42]. Ces indices suggèrent l'absence des statues à cette période. Ceci étant, l'achat du domaine le 1er jour complémentaire an V (17 septembre 1797) par trois personnes dont Augustin Mouton qui est entrepreneur du bâtiment, laisse envisager l'éventuelle destruction de l'église abbatiale dès l'automne de cette année[43]. Tous les matériaux susceptibles d'être récupérés ont pu, alors, être liquidés selon le même principe qu'à Notre-Dame de Paris. Une dernière hypothèse serait donc d'envisager le camouflage des chefs des statues – supposant leur conservation *in situ* en l'absence de toute description l'assurant – alors que ceux-ci risquent d'être vendus par les nouveaux adjudicataires[44]. Néanmoins, une démolition de l'édifice à cette période n'est pas assurée et put n'être que partielle puisqu'en 1821 Léré note que l'église lui semble avoir été plus basse autrefois[45].

La première sculpture masculine (fig. 6), mutilée, se réduit à un buste de 46 cm de haut et de large dont on distingue encore, sur la tunique, le manteau agrafé à l'épaule dextre. L'homme porte une couronne mutilée. Le nez est brisé et quelques épaufrures marquent les sourcils. Les cheveux, aux mèches finement incisées, ondulent de chaque côté des tempes. Une courte frange souligne le haut front plat. Les restes d'azur sur les pupilles témoignent d'une polychromie qui initialement devait enrichir la facture.

La seconde sculpture masculine (fig. 7), de 23 cm de haut et de large, est cassée au cou. La tête porte une couronne fleurdelisée également mutilée. Le nez est brisé et des épaufrures marquent le front, le sourcil et la joue dextres de même que la lèvre inférieure, à sénestre. Le modelé est plus rond que pour la première effigie masculine, alourdi par un double menton et un large visage rond. Les cheveux, aux extrémités enroulées, sont traités plus largement aussi, gonflés autour des oreilles.

Un troisième fragment de 35 cm de haut sur 23 cm de large est celui d'une statue féminine brisée horizontalement en travers de la poitrine (fig. 8). L'épaule gauche est cassée. On devine encore le surcot porté sous le manteau de la jeune femme. Celle-ci porte une couronne fleuronnée sur un voile court qui laisse entrevoir les

39. Sur l'abbé Baugrand, voir BERNET 2002, p. 10.

40. AN, F 19, où l'on rappelle les écarts du curé pendant la Révolution et où l'on propose de le tenir à distance du pays. Nos sincères remerciements à Jacques Bernet pour sa collaboration et ses orientations, notamment sur l'abbé Baugrand.

41. Décret qui ordonne la suppression, dans l'ensemble du territoire de la République, de toutes les peintures et sculptures comportant des attributs de la royauté ou des éloges à des rois : REGOND 1992, p. 132.

42. AD Oise, 1 Q 2/1648. L'église, bien que modifiée lors de son usage comme salle des fiévreux, est alors encore préservée. Elle mesure 31 toises de long, 6 toises et 4 pieds 6 pouces de large, hors œuvre.

43. AD Oise, 1 Q 3/305-pièce 7 : Jean-François Hyacinthe Ducroy, receveur du canton de Compiègne, Augustin Philippe André Mouton, entrepreneur du bâtiment, et Laurent Giraud, tous trois demeurant à Compiègne sont les adjudicataires de la vente en date du 1er jour complémentaire an V pour la somme de 200 000 l.

44. Sur la dépose des statues de la galerie des rois de Notre-Dame de Paris, par l'entrepreneur Varin, et la décapitation de celles-ci par leur acquéreur désireux de les transporter plus aisément, voir ERLANDE-BRANDENBOURG 1982, p. 47-48. Malgré la polémique soulevée par la question, Fabienne Joubert a récemment estimé qu'une grande part des statues fragmentaires des rois de la façade ouest de Notre-Dame de Paris – têtes et corps reconnaissables –, retrouvées ensevelies en quatre couches régulières dans la cour de l'hôtel particulier de Jean-Baptiste Lakanal-Dupuget (Chaussée-d'Antin), avaient été ainsi enterrées pour des raisons religieuses et politiques. Le propriétaire aurait enfoui les objets surtout pour ce qu'ils représentaient : JOUBERT 2008, p. 27.

45. BM Compiègne, VDC197/XXIII-pièce 1ter c, 2 en date du 21 avril 1821. L'assertion étonne car aucun dessin de Léré ne concerne l'église qui paraît donc en 1821 avoir déjà disparu.

Fig. 6 : Royallieu (Oise), ancienne abbaye. Buste de Saint Louis ?, ca. 1308-1320 (cl. M. Schryve, photographe).

Fig. 7 : Royallieu (Oise), ancienne abbaye. Buste de Philippe IV le Bel ?, ca. 1308-1320 (cl. M. Schryve, photographe).

cheveux ondulés. La face souffre de multiples épaufrures à hauteur des sourcils, des joues et des lèvres. Sous un front lisse et plat, les fins sourcils au tracé continu soulignent les larges paupières supérieures au bord finement incisé. Les globes oculaires affleurent sous les paupières inférieures qui suivent un tracé horizontal. Iris azuré et cercle des pupilles sont marqués de noir. Le modelé délicat des lèvres fines et des joues légèrement arrondies accompagne la préciosité des traits.

Le premier visage masculin témoigne d'une acuité particulière à l'exécution de certains détails. Les mâchoires carrées, la bouche largement fendue dont les commissures des lèvres sont marquées de rides d'expression, l'arcade sourcilière appuyée, les muscles du cou saillants, participent à l'énergie de la physionomie. La sculpture répond ainsi aux caractéristiques des effigies royales telles qu'elles se développent dès la fin du XIIIe siècle avec le gisant de Philippe III[46]. La parenté du buste de Royallieu

avec la statue de Saint Louis de Mainneville[47] (1305-1310) (fig. 9) ou avec le même roi figuré sur un haut-relief provenant du couvent des Cordeliers de Paris (1300-1320)[48] est certaine. Par cette même recherche de vraisemblance, l'effigie compiégnoise est conforme au type des premières représentations du saint, ce qui autorise d'autant plus à l'identifier comme étant Louis IX. Aussi la problématique qu'elle soulève reprend celle du Saint

---

46. Cathédrale de Saint-Denis (Seine-Saint-Denis), PM93000134 : Philippe III le Hardi († 1285), ca. 1298-1307, attribué à Jean d'Arras,

marbre, provenance : abbatiale de Saint-Denis, h = 28 ; la = 197 ; pr = 52 cm ; 1906/06/19 : classé au titre objet : voir *Art au temps des rois maudits* 1998, p. 72-73 (bibliographie complète).

47. Église paroissiale Saint-Pierre-Saint-Paul de Mainneville (Eure), PM27001096 : Saint Louis, 1305-1310, pierre, polychrome, provenance : chapelle du château, h = 157 ; la = 44,3 : pr = 36 cm : voir *Art au temps des rois maudits* 1998, p. 100-101, n° 50 (bibliographie complète).

48. Musée Carnavalet (Paris), inv. AP 136 : figure présumée de Blanche de France, agenouillée devant Saint Louis, 1300-1320, pierre, provenance : couvent des Cordeliers de Paris, h = 102 ; la = 128 ; pr = 29 cm ; 1908/11/30 : classé au titre objet : voir *Art au temps des rois maudits* 1998, p. 101-102, n° 51 (bibliographie complète).

Fig. 8 : Royallieu (Oise), ancienne abbaye.
Buste de Jeanne de Navarre ou Marguerite de Provence?,
ca. 1308-1320 (cl. M. Schryve, photographe).

Fig. 9 : Mainneville (Eure), église Saint-Louis.
Saint Louis, ca. 1305-1310 (cl. Stéphanie Diane Daussy).

Louis de Mainneville, touchant à l'apparition du portrait. *De facto*, l'impression d'individualité est telle dans ces exemples que d'aucuns voulurent y voir des figures réalisées à l'aide d'empreintes mortuaires. Dans l'état actuel de nos connaissances, il semble pourtant que la pratique du masque pris sur le visage du mort ne soit pas apparue en France avant le décès de Charles VI († 1422)[49]. Sans doute le visage de Royallieu – au même titre que celui de Philippe III dont il semble s'inspirer – illustre davantage la « tradition idéaliste renouvelée par une certaine volonté d'individualisation[50] ».

Le second visage masculin, en revanche, présente des accents plus personnels, proches de ceux du saint Martin de la Charité de Saint-Martin-aux-Bois, plus tardif

néanmoins (deuxième quart du XIVᵉ siècle)[51] (fig. 10). Les joues empâtées, le nez aux ailes dilatées, le menton gras, la bouche qui esquisse un léger sourire sont autant de traits qui rapprochent cette face de celle de Philippe IV le Bel à Saint-Denis (entre 1327 et 1329)[52]. Le roi fondateur de Royallieu pourrait donc, au regard des similitudes physionomiques, être reconnu dans cette statue mutilée[53].

---

49. Von Schlosser 1910-1911 ; Giesey 1960 ; Kantorovicz 1957, p. 442-sq., cités dans Recht 1986, p. 198-199. Voir en dernier lieu Gaude-Ferragu 2005.

50. Erlande-Brandenburg 1975, p. 171-173.

---

51. Église paroissiale de Saint-Martin-aux-Bois (Oise), PM60001469 : La Charité de saint Martin, 1344 (daté par une inscription portée sur l'œuvre), marbre, h = 64 ; la = 64 cm (dim. du moulage) ; 1908/11/19 : classé au titre objet (œuvre volée en 1970).

52. Cathédrale de Saint-Denis (Seine-Saint-Denis), PM93000142 : Philippe IV le Bel, entre 1327 et 1329, marbre, provenance : abbatiale de Saint-Denis, h = 28 ; L = 194 ; la = 53 cm ; 1906/06/19 : classé au titre objet : voir *Art au temps des rois maudits* 1998, p. 130-131 (bibliographie complète).

53. Philippe le Bel eut deux tombeaux : l'un pour son corps à Saint-Denis, le second pour son cœur en la priorale de Poissy (après 1327). Ce second monument a disparu mais il est connu par un dessin

Fig. 10 : Saint-Martin-aux-Bois (Oise), église Saint-Martin. La Charité de saint Martin, 1344 (cl. Stéphanie Diane Daussy).

Fig. 11 : Poissy (Île-de-France), église paroissiale. Isabelle de France, début du XIVᵉ siècle (1304), provenance : transept de l'ancienne collégiale de Poissy (cl. Emmanuel Montjoye).

Aussi aurions-nous là, probablement, une effigie royale exécutée *ad vivum*, à l'instar des sculptures du Palais de la Cité à Paris (avant 1314) ou du collège de Navarre (après 1309).

Les deux statues masculines de Royallieu mettraient donc en présence à la fois un portrait rétrospectif et un témoin de l'observation, directe ou d'après modèle, de la personne vivante[54]. Mais si ces têtes ajoutent à celles qui alimentent la polémique sur la réapparition du portrait au XIVᵉ siècle, le contexte de leur donation permet surtout de penser que leur signification dynastique importait davantage que celui de la ressemblance. Pour reprendre l'expression de W. Sauerländer :

> Les statues du roi et de sa famille désignent certes des personnes réelles mais elles sont élevées à la reconnaissance universelle d'une image de saint et évitent ainsi ce qui pourrait apparaître comme une trop grande proximité avec le réel[55].

Assurément, l'effigie féminine de Royallieu constitue un indice supplémentaire de cette tendance.

Le visage délicat et la contenance de la jeune reine, son élégance et sa simplicité lui confèrent une noblesse qui l'inscrit dans tout un courant de sculpture à l'époque de Philippe le Bel, dont la statue d'Isabelle de France à Poissy

est représentative[56] (fig. 11). La reine compiégnoise se distingue pourtant de l'exemple précité par une plus grande jovialité, des volumes fermes que l'on retrouve par exemple dans l'effigie présumée de l'une des filles de Charles IV le Bel (premier quart du XIVᵉ siècle)[57]. Ces traits formels comme la chevelure stylisée et l'esquisse d'un sourire l'apparentent à l'art parisien du premier quart du XIVᵉ siècle, largement et rapidement diffusé en Île-de-France et au-delà. Une parenté avec la tête de Vierge provenant de Saint-Leu-d'Esserent[58], dans l'Oise, est plausible au regard de la forme du bas du visage, du modelé, et au vu du parti pris de stylisation des traits. La figure de la Vierge se distingue toutefois par son allongement. Elle évoque celle de la Vierge à l'Enfant de Morienval (premier quart du XIVᵉ siècle)[59], autant par sa coiffe, les détails de la chevelure, la stylisation des traits que par le traitement gras du menton et du cou (fig. 12).

D'après l'analyse stylistique, les trois statues, commandes royales, s'insèrent dans le contexte d'une production parisienne ou influencée par l'art des ateliers royaux. Dans l'état actuel de nos connaissances, il reste

---

de la collection Gaignières. Il est difficile donc d'apprécier sûrement les similitudes physionomiques.

54. Le thème est évoqué, et les portraits de Philippe le Bel cités, notamment dans RECHT 1986, p. 189-202. Une bibliographie sur le sujet est donnée en note 1, p. 197.

55. SAUERLÄNDER 2000, p. 43.

56. *Art au temps des rois maudits* 1998, p. 87-88, n° 40.

57. Musée du Louvre (Paris), inv. LP 1733 : effigie présumée d'une des filles de Charles IV le Bel, 1ᵉʳ quart du XIVᵉ siècle, provenance : abbaye de Pont-aux-Dames, marbre, h = 102 ; la = 26,5 ; pr = 17 cm.

58. Musée du Louvre (Paris), inv. RF 919 : Tête de Vierge voilée et couronnée, fin du XIIIᵉ-début du XIVᵉ siècle, pierre, provenance : église Saint-Leu d'Esserent, h = 25 ; la = 20 ; pr = 17 cm.

59. Abbaye de Morienval (Oise), IA60001565. Église abbatiale de bénédictines Notre-Dame, 1840 : classé MH.

Fig. 12 : Morienval (Oise), église Saint-Denis (ancienne abbatiale). Vierge à l'Enfant, premier quart du XIVᵉ siècle (cl. Stéphanie Diane Daussy).

malaisé de trancher sur leur provenance exacte et de statuer sur ce qui pourrait ou non être les interprétations locales du style parisien. Un examen pétrographique permettra certainement de répondre à cette question.

Résidence royale couplée à un établissement religieux, Royallieu se trouvait à proximité de l'un des séjours les plus fréquentés de Philippe le Bel – Compiègne – qu'il occupa neuf fois entre 1307 et 1313[60]. Comme pour ses autres fondations, le souverain a assurément veillé à la commande des bâtiments et de leur décoration : la charte de 1308 l'évoque comme prenant à sa charge la construction et l'entretien des maisons des frères, communs présents et futurs, église, chapelle, clôture et son contenu[61]. Somme toute l'abbatiale de Royallieu, à l'instar des commandes similaires de Philippe le Bel – Poissy excepté – ne montrait pas une grande richesse ornementale, comme le laisse deviner la simplicité des vestiges architecturaux préservés. Toutefois, les trois têtes royales récemment découvertes témoignent d'un programme sculpté qui s'inscrit dans l'apologie de la dynastie capétienne, développée sous le règne de Philippe le Bel, et dans le contexte la réapparition du portrait à l'aube du XIVᵉ siècle. Types plus que portraits, les statues royales compiégnoises, par l'aspect immuable qu'elles empruntent, individualisé et vraisemblable plus que ressemblant, sont ainsi les témoins du temps de Philippe le Bel. En tant qu'archétypes de la réalité, elles renvoient à l'essence de la royauté. Enfin, ces statues augmentent le corpus des œuvres régionales du premier quart du XIVᵉ siècle et permettent de s'interroger sur un style qui nécessairement est débiteur des grands chantiers royaux parisiens, mais qui tend à s'exprimer visiblement dans sa *varietas* locale. L'idéalisation des effigies royales s'enrichit donc de la vraisemblance autant que de la manifestation typique d'un style.

---

60. Lalou 1991, p. 154.
61. Guynemer 1911, III.

Bibliographie

Art [L'] au temps des rois maudits
1998, *L'Art au temps des rois maudits : Philippe le Bel et ses fils, 1285-1328*, catalogue d'exposition, Paris, Galeries nationales du Grand Palais, 17 mars-29 juin 1998, Paris, Réunion des musées nationaux.

BERNET J.
2002, « Saint-Germain-les-Compiègne de l'Ancien Régime à la Révolution (XVIIᵉ-XVIIIᵉ siècle) », *Bulletin de la Société historique de Compiègne*, 87-88, p. 5-19.

BERNET J., CALLAIS F., FRUIT E., GUESSARD B.
1995, *Histoire des hôpitaux de Compiègne*, Compiègne, Société historique de Compiègne.

BONNET C.
1992, « Les pillages des abbayes dans le Nord et leur signification (1789-1793) », dans BERNARD-GRIFFITHS S., CHEMIN M.-C. et EHRARD J. (éd.), *Révolution française et « vandalisme » révolutionnaire*, Actes du colloque international de Clermont-Ferrand, 15-17 décembre 1988, Paris, Universitas, p. 169-173.

BROWN E.-A.-R.
1988, « Persona et Gesta : The Image and Deeds of the thirteenth-Century Capetians, 3, The Case of Philip the Fair », *Viator*, XIX, p. 222-228.

CHAPELOT J.
2001, « Les résidences royales à l'époque de Philippe le Bel », dans GABORIT-CHOPIN D. et AVRIL F. (dir.), *1300… L'art au temps de Philippe le Bel*, actes du colloque international, Galeries nationales du Grand Palais, 24 et 25 juin 1998 (XVIᵉ rencontres de l'École du Louvre), p. 33-74.

COËT E.
1889, *Tablettes d'histoire locale*, Compiègne, 3ᵉ partie.

COTTINEAU L.-H.
1936, *Répertoire topobibliographique des abbayes et prieurés*, Mâcon, Protat frères.

DANGU A.
1911, « L'Abbaye et le Village de Saint-Jean-aux-Bois », *Bulletin de la Société historique de Compiègne*, XIV, p. 199-294.

DAVIS M. T.
2001, « Les visages du roi : les projets d'architecture de Philippe le Bel », dans *1300… L'art au temps de Philippe le Bel*, Actes du colloque international, Galeries nationales du Grand Palais, 24 et 25 juin 1998 (XVIᵉ rencontres de l'École du Louvre), p. 185-200.

EHRARD J.
1993, « Révolution française et "vandalisme révolutionnaire" », dans BOURDERON R. (dir.), *Saint-Denis ou le Jugement dernier des rois*, Saint-Denis, éditions PSD, p. 205-208.

ERLANDE-BRANDENBURG A.
1975, *Le roi et la mort. Étude sur les funérailles, les sépultures et les tombeaux des rois de France jusqu'à la fin du XIIIᵉ siècle*, Paris, Arts et métiers graphiques.
1982, *Les sculptures de Notre-Dame de Paris au musée de Cluny*, Paris, Réunion des musées nationaux.

FISQUET H.
1867, *La France pontificale (Gallia Christiana), histoire chronologique et biographique des archevêques et évêques de tous les diocèses de France depuis l'établissement du christianisme jusqu'à nos jours, divisée en 17 provinces ecclésiastiques*, II, Paris, Étienne Repos.

Gallia christiana
1751, *Gallia christiana in provincias ecclesiasticas distributa ; in qua series et historiae archiepiscoporum, episcoporum et abbatum.... 9 De Provincia Remensi : ejusque metropoli ac suffraganeis, Suessionensi, Laudunensi, Bellovacensi, Catalaunensi ac Noviomensi ecclesiis opera et studio monachorum Congregationis S. Mauri Ordinis S. Benedicti*, Paris, typographia regia.

GAUDE-FERRAGU M.
2005, *D'or et de cendres. La mort et les funérailles des princes dans le royaume de France au bas Moyen Âge*, Lille, Presses universitaires du Septentrion.

GIESEY R.-E.
1960, *The Royal funeral Ceremony in Renaissance France*, Genève, E. Droz (Travaux d'Humanisme et de Renaissance, XXXVII).

GILLERMAN D.
1994, *Enguerran de Marigny and the Church of Notre-Dame at Ecouy*, University Park (Pa.), the Pennsylvania State university press.

GUYNEMER P.
1911, *Le cartulaire de Royallieu, Compiègne*, Compiègne, Société historique de Compiègne.

GUYON C.
1998, *Les Écoliers du Christ. L'ordre canonial du Val-des-Écoliers (1201-1539)*, Saint-Étienne, Publ. de l'université de Saint-Étienne.

JOUBERT F.
2008, *La sculpture gothique en France, XIIᵉ-XIIIᵉ siècles*, Paris, Picard.

KANTOROVICZ E.-H.
1957, *Les deux corps du roi : essai sur la théologie politique au Moyen Âge*, Paris, Gallimard, traduction de l'édition originale *The King's two bodies. A study in Medieval Theology*, Princeton (rééd. 1989).

LALOU É.
1991, «Les abbayes fondées par Philippe le Bel», *Revue Mabillon*, 63, p. 143-165.

LANGLOIS C.-V.
1917, *Registres perdus des archives de la chambre des comptes de Paris*, Paris, Impr. Nationale.

LANGLOIS C.-V. (éd.)
1899, *Inventaire d'anciens comptes royaux, dressés par Robert Mignon sous le règne de Philippe de Valois*, Paris.

LA SELLE X. DE
1990, *Le service des âmes à la cour : confesseurs et aumôniers de rois de France du XIIIᵉ au XVᵉ siècle*, thèse de l'École des Chartes, École nationale des Chartes, Positions des thèses.

LAUNOY J. DE
1677, *Regii Navarre gymnasii parisienssi historia*, I, Paris.

RECHT R.
1986, «Le portrait et le principe de réalité dans la sculpture : Philippe le Bel et l'image royale», dans *Europaische Kunst im 1300*, Vienne, (XXVᵉ congrès international d'Histoire de l'Art, Vienne, 1983), p. 189-202.

REGOND A.
1992, «"Vandalisme révolutionnaire" et protection du patrimoine», dans BERNARD-GRIFFITHS S., CHEMIN M.-C. et EHRARD J. (éd.), *Révolution française et «vandalisme révolutionnaire»*, Actes du colloque international de Clermont-Ferrand, 15-17 décembre 1988, Paris, Universitas, p. 131-141.

SANDRON D.
2001, «Architecture religieuse. Le Roi et les églises», dans PLEYBERT F. (dir.), *Paris et Charles V : art et architecture*, Paris, Action artistique de la ville de Paris, p. 91-104.

SAUERLÄNDER W.
2000, «Réflexion sur la sculpture parisienne à l'époque de saint Louis et de Philippe le Bel», *Revue de l'Art*, n° 128, p. 33-48.

SCHLICHT M.
2005, «Un scandale architectural vers 1300 : l'intervention de Philippe le Bel dans les choix formels de l'architecture de Saint-Louis de Poissy», dans *Hofkultur in Frankreich und Europa im Spätmittelalter : La culture de cour en France et en Europe à la fin du Moyen Âge,* Berlin, Akademie Verlag, p. 289-326.

VICTOIR G.
2005, «La polychromie de la cathédrale de Noyon et la datation des voûtes quadripartites de la nef», *Bulletin Monumental*, 163-3, p. 251-254.

VON SCHLOSSER J.
1910-1911, «Geschichte der Porträtbildnerei in Wachs», *Jahrbuch der Kunsthistorischen Sammlung der alterhöchsten*, XXIX, p. 171-258.

CONCLUSION

Arnaud TIMBERT[*]

AU TERME DE CETTE JOURNÉE D'ÉTUDES consacrée aux dépôts lapidaires, il est nécessaire de dresser le bilan des communications diverses qui ont permis d'amener de nouvelles pistes de lecture et de renouveler les connaissances sur les édifices traités.

Une première contribution se détache des autres, puisqu'elle livre une approche sur la réalité matérielle et administrative des dépôts. Bénédicte Ottinger montre ainsi l'état d'abandon et de méconnaissance dans lesquels sont laissés les dépôts lapidaires, témoignant aussi, à travers son expérience de conservatrice, de l'impéritie de l'administration et de la pérennité d'une situation dénoncée il y a déjà plusieurs décennies par Pierre-Marie Auzas[1]. Cet article rappelle également que les problèmes de conservation et de mise en valeur des dépôts et collections lapidaires imposent le plus souvent, dans un premier temps, une enquête sur le statut juridique de ces ensembles parfois épars dans la cité, puis l'association des compétences (chercheurs, restaurateurs, conservateurs et muséographes) pour leur étude, préservation et mise en valeur. À ce titre, Bénédicte Pradié-Ottinger attire l'attention sur l'intérêt des CIAP (Centre d'Interprétation de l'Architecture et du Patrimoine) qui favorisent déjà – voir l'exemple de Soissons – une valorisation à perspective pédagogique des dépôts lapidaires offrant ainsi un avenir à ces ensembles.

Hormis cette contribution, toutes les études rassemblées dans ce volume témoignent de l'apport de l'objet lapidaire à la connaissance de monuments ou de mobiliers en partie ruinés ou totalement disparus. Si, dans le cas d'édifices encore en place, l'étude d'un dépôt lapidaire permet de dresser une véritable « critique d'authenticité », elle favorise également, dans le cas des monuments détruits, une reconstitution de l'ensemble architectural. À cet égard, définir la place des pièces dans leur contexte architectural peut s'apparenter à un véritable jeu de piste. Les observations d'ordre technique – détermination géologique et origine géographique de la pierre, technique de la taille, signes lapidaires, épures et marques d'assemblage, identification et analyse d'additifs tels que le mortier, l'enduit, la polychromie, le plomb et le fer – aident à définir l'emplacement des pièces dans le monument et enrichissent notre connaissance dans le domaine des techniques de construction médiévales. Enfin, associée à l'étude stylistique, l'analyse matérielle des pièces affine le phasage et permet de mieux envisager le déroulement d'un chantier.

[*] Maître de conférences en histoire de l'art médiéval, université Charles-de-Gaulle - Lille 3, IRHIS (CNRS-UMR 8529).
1. TIMBERT 2008.

Les études de Pascale Techer et de Gilles Deshayes, respectivement sur l'abbaye de Beauport (Bretagne) et l'abbaye de Jumièges (Normandie), qui ont connu plusieurs siècles de constructions et de destructions, sont à cet égard représentatives.

Avec l'abbaye de Jumièges, Gilles Deshayes est confronté, d'une part, à une stratification complexe et pluriséculaire du bâti et, d'autre part, à un mobilier lapidaire extrait de son contexte par le fait de remplois dans sa périphérie proche (village de Jumièges) ou plus éloignée (Duclair, Rouen et Highcliff, dans le Dorset, en Grande-Bretagne). Cette réalité l'a conduit à proposer une méthode d'investigation du mobilier lapidaire urbain par recoupement avec le cadastre, afin d'identifier les constructions civiles contemporaines des destructions qui touchèrent l'abbaye dès la Révolution. Dans le même ordre d'idées, l'étude des remplois dans les constructions tardives du site monastique, notamment celles du bas Moyen Âge, autorise l'auteur à proposer la restitution d'un cloître au XIIe siècle. Cette méthode de recherche qui outrepasse les limites du site pour investir sa périphérie, de même que l'introspection des maçonneries existantes pour en extraire un lapidaire de remploi, sont des démarches qui ouvrent la voie aux recherches futures qu'appellent des sites tels que Provins, Pontoise ou, plus au sud, Vézelay qui, d'une part, bénéficient d'un dépôt lapidaire urbain épars non inventorié et soumis aux aléas de l'errance et, d'autre part, sont dotés d'une architecture civile en partie produite avec des matériaux issus des destructions pour modification ou du vandalisme du patrimoine architectural sacré.

Pascale Techer, dans un cadre monastique identique mais moins complexe, propose quant à elle une enquête au fil de la nature géologique des matériaux. Cette prospection géologique menée à travers les blocs déposés depuis le XVIIIe siècle lui permet de reconstituer deux cloîtres successifs, l'un du XVe siècle, en granit, qui succède à un premier, du XIIIe siècle, en lumachelle. La découverte de ce premier cloître invite l'auteur à proposer une filiation stylistique avec celui du Mont-Saint-Michel, enrichissant ainsi nos connaissances sur l'impact de cette œuvre.

C'est en suivant la trace d'un autre matériau, le stuc, déjà employé dans la cathédrale de Fulbert au XIe siècle, que James Bugslag reconstitue l'aspect ornemental et la chronologie de l'hôtel-Dieu de Chartres (Centre) détruit au XIXe siècle. Outre que cet auteur attribue à cet ensemble architectural plusieurs fragments sculptés dispersés dans la ville, notamment des colonnes dotées de leurs bases et de leurs chapiteaux, il met également au jour les voûtes

d'ogives en stuc et un décor figuré polychrome dans le même matériau, pour la chapelle de l'établissement hospitalier. Ces pièces, que les comparaisons permettent de dater des années 1220-1230, si elles encouragent à porter un regard nouveau sur cet ensemble contemporain du chantier cathédral, permettent surtout au chercheur canadien de révéler l'emploi inédit du stuc pour la période gothique, complétant ainsi les observations de Christian Sapin et de Jill Caskey[2].

Ces trois contributions de Gilles Deshayes, Pascale Techer et James Bugslag nous suggèrent avec nuance une évidence qui va au-delà des sujets traités : les matériaux affinent la connaissance et l'appréciation des formes tout en nous conduisant inexorablement vers une Histoire de la construction comme discipline[3].

Par ailleurs, la découverte, majeure, d'un emploi du stuc pour la structure et la sculpture ne peut nous inviter qu'à mieux prendre en considération les éléments non lithiques conservés communément dans les dépôts lapidaires parmi lesquels figure le plâtre. C'est pourquoi l'actuel programme de recherche sur la cathédrale de Chartres comprend l'analyse, conduite par Jannie Mayer, des estampages conservés depuis le XIXe siècle dans les combles des bas-côtés[4]. Il en est de même pour ceux de la cathédrale de Noyon qui font actuellement l'objet d'un inventaire et d'une étude par Stéphanie Diane Daussy. La réalisation progressive d'un inventaire exhaustif des estampages réalisés sur les chantiers de restauration de Laon, Chartres, Paris, Amiens, Vézelay et revenant le plus souvent à des sculpteurs de qualité comme les frères Duthoit ou Geoffroy-Dechaume[5] favorisera une meilleure connaissance de l'ornementation lithique, souvent disparue, de ces monuments, tout autant que celle de l'histoire des chantiers de la Commission des Monuments historiques.

De manière générale, les fragments de sculpture figurée, quel que soit le matériau, constituent les pièces les plus précieuses et les plus fragiles des dépôts lapidaires. Les récentes investigations menées à Noyon[6], Soissons[7], Saint-

---

2. SAPIN (dir.) 2004 ; CASKEY 2008.

3. HUERTA 2009.

4. Sur ce matériau, voir les contributions de S. Lagabrielle et J. Mayer, dans BARTHE (dir.) 2001, p. 119-136.

5. DAUSSY à paraître.

6. Voir les articles publiés à ce sujet : MORELLE 2008 et TRICOIT 2008a, ainsi que les travaux universitaires suivants : LAGOUGE 2003 ; GADANHO 2004 ; PAWLAK 2004 ; TIMBERT 2004 ; TRICOIT 2004 ; MORELLE 2006.

7. MAINES 1985 ; TIMBERT 2005.

Martin-de-Boscherville[8] ou encore Saint-Quentin[9], comme celles engagées autrefois par Léon Pressouyre à Saint-Denis, Sens et Chartres[10], ont révélé des fragments jusqu'alors inédits de sculptures monumentales des XIIe et XIIIe siècles augmentant ainsi les corpus connus et favorisant une alimentation des débats.

C'est à cette connaissance que ce volume participe à travers trois études dans lesquelles la sculpture ornementale et figurée occupe une place de choix. Il en est ainsi de la contribution de Claire Labrecque qui, sur le fondement de colonnettes dotées de leurs chapiteaux et de leur bases – ainsi qu'à travers une documentation figurée –, propose une reconstitution de l'église détruite de Saint-Wulphy de Rue (Picardie) et, par comparaison, une datation des années 1150-1160. La restitution de cet édifice jusque-là inconnu et absent des manuels, dont l'élévation s'inspire des grandes réalisations picardes des cathédrales de Noyon et de Laon, apporte de nouvelles connaissances sur la réception des formes du premier gothique et offre un intermédiaire d'un intérêt remarquable entre ces cathédrales et celle de Lisieux. Dans le même ordre d'idées, Claire Labrecque met au jour un Christ en majesté du troisième quart du XIIe siècle, dont aucun document, pas plus que les études les plus autorisées[11], ne révélaient l'existence. La grande qualité de ce fragment sculpté, outre le fait qu'elle apporte une nouvelle pièce à la connaissance de la production figurée du XIIe siècle, témoigne de la richesse de l'édifice du premier gothique et de l'impact de grands ensembles sculptés disparus tels que Noyon[12]. Par effet de ricochet, elle permet aussi de mieux comprendre la luxuriance atypique du parti flamboyant de la chapelle du Saint-Esprit[13] : une cohérence ornementale était nécessaire à l'harmonie de l'ancien et du nouveau[14].

La sculpture ornementale est quant à elle investie par Delphine Hanquiez qui se penche sur la collégiale Saint-Évremond de Creil (Picardie), détruite au début du XXe siècle, à travers l'étude des chapiteaux qui ont été sauvegardés et récemment inventoriés. La restitution virtuelle des blocs dans leur situation d'origine, l'analyse stylistique comparative de ces derniers et la définition de deux groupes – l'un du début du XIIe siècle, l'autre du

dernier tiers du même siècle – permettent à l'auteur de proposer une nouvelle chronologie du chantier et de redéfinir la place de ce monument disparu dans le paysage architectural. Outre l'apport de cette contribution à l'histoire du premier gothique, à l'instar de la recherche menée par Claire Labrecque sur l'église Saint-Wulphy, cette étude prouve le bien-fondé d'un recours aux dépôts lapidaires lorsqu'il s'agit d'écrire l'histoire d'un monument détruit et invite à ce qu'une telle démarche soit engagée pour des ensembles architecturaux réduits à l'état d'objets comme les abbatiales de Saint-Wandrille, du Bec-Hellouin ou, encore, pour citer un exemple picard, de Cerny-en-Laonnois.

Stéphanie Diane Daussy, pour sa part, dans la continuité des recherches engagées depuis plusieurs années en Picardie[15], édite trois têtes sculptées couronnées. Récemment découvertes à proximité de l'église de Royallieu (Picardie), elles constituaient la parure de cet édifice, fondation de Philippe le Bel. L'identification des personnes royales représentées et la mise en contexte de ces effigies au début du XIVe siècle permettent à l'auteur d'illustrer la riche iconographie royale développée sous le règne de Philippe IV tout autant que la sculpture picarde de la fin du Moyen Âge.

Le présent volume rappelle ainsi, comme l'écrit Gilles Deshayes avec un enthousiasme communicatif, que les dépôts lapidaires ont besoin d'un « inventaire complet et détaillé, d'une centralisation des données, d'une étude rigoureuse, d'une préservation engagée ou encouragée, d'une mise en valeur des éléments intéressant l'histoire de l'art et des techniques ». À l'évidence, l'investissement des dépôts lapidaires devient, comme en témoignent de nombreuses études actuellement en cours en France – notamment celles engagées par Annaelle Voyron dans l'Allier[16], Jean-Louis Bernard dans l'Aisne[17], Bruno Danel dans le Pas-de-Calais[18] ou Bruno Decrock en Champagne en général et à la cathédrale de Reims en particulier –, un enjeu scientifique et patrimonial de premier intérêt qui invite à l'harmonisation des méthodes et au rassemblement des énergies. La prochaine étape devra incontestablement s'engager dans le sens de l'agrégation. Il faudrait, pour répondre à cette nécessité avec intelligence, en l'absence d'un projet ANR national (Agence nationale de la recherche) sur le sujet ou de PCR régionaux (Projet collectif de recherche), une véritable coalition administrative associant les instances idoines du

8. Timbert 2003.
9. Tricoit 2008b.
10. Pressouyre 1980.
11. Joubert 2008.
12. Little 1992.
13. Sur ce dernier sujet : Labrecque 2008.
14. Sur ce phénomène récurrent du Moyen Âge : Klein 1999.

15. Daussy 2007.
16. Voyron 2007.
17. Inventaire du dépôt lapidaire du château de Coucy (Aisne).
18. Inventaire du dépôt lapidaire de Lillers (Pas-de-Calais).

ministère de la Culture, les monuments du CMN (Centre des Monuments nationaux), les Services de l'Inventaire et donc les DRAC (Direction régionale des Affaires culturelles), les fonds (notamment les bourses de master) de la Médiathèque de l'Architecture et du Patrimoine et ceux de quelques laboratoires universitaires.

Bibliographie

BARTHE G. (dir.)
2001, *Le plâtre : l'art et la matière*, Paris, Crephis.

CASKEY J.
2008, « Liquid Gothic : Uses of Stucco in Southern Italy », dans REEVE M. (dir.), *Reading Gothic Architecture*, Turnhout, Brepols, p. 111-122.

DAUSSY S.
2007, « Autour des stalles, des clôtures de chœur et des reliefs sculptés du transept de la cathédrale d'Amiens : les sculpteurs amiénois à la fin du Moyen Âge (1490-1530) », thèse de doctorat, dir. Ch. Heck, Univ. Charles-de-Gaulle - Lille 3, 6 vol.
à paraître, « Restaurer ou restituer la sculpture au XIXe siècle. L'exemple de la Picardie », dans PHALIP B. (dir.), *Restaurer au XIXe siècle*, Actes de la Journée d'études, 16 février 2010, Presses universitaires de Clermont-Ferrand.

GADANHO D.
2004, « Étude du décor sculpté du chevet de la cathédrale Notre-Dame de Noyon », mémoire de maîtrise, dir. A. Timbert, Univ. Charles-de-Gaulle-Lille 3.

HUERTA S.
2009, « Historia de la Construccion : la fundacion de una disciplina », dans Actas del Sexto Congresso Nacional de *Historia de la Construccion*, Valencia, 21-24 octobre 2009, vol. I, p. XIII-XX.

JOUBERT F.
2008, *La sculpture gothique en France (XIIe-XIIIe siècles)*, Paris, Picard.

KLEIN B.
1999, « *Convenentia et cohaerentia antiqui et novi operis* : ancien et nouveau aux débuts de l'architecture gothique », dans JOUBERT F. et SANDRON D. (dir.), *Pierre, lumière, couleur. Études d'histoire de l'art du Moyen Âge*, Paris, Presses universitaires Paris-Sorbonne, p. 19-32.

LABRECQUE C.
2008, « La chapelle du Saint-Esprit de Rue. Étude historique, architecturale et iconographique d'un monument de la fin du Moyen Âge », thèse de doctorat, dir. R. Sanfaçon, Univ. Laval (Québec).

LAGOUGE M.
2003, « La chapelle Notre-Dame de Bon-Secours de la cathédrale Notre-Dame de Noyon : étude architecturale », mémoire de maîtrise, dir. A. Timbert, Univ. Charles-de-Gaulle - Lille 3.

LITTLE C. T.
1992, « Resurrexit : A Rediscovered Monumental Sculptural program from Noyon Cathedral », dans PARKER E. C. (dir.), *The Cloisters Studies in Honor of the Fiftieth Anniversary*, New York, p. 235-259.

MAINES C.
1985, « Une tête de prophète découverte à la cathédrale de Soissons », *Bulletin monumental*, 143, p. 345-346.

MORELLE A.
2006, « La salle du trésor de la cathédrale Notre-Dame de Noyon : étude architecturale et archéologique », mémoire de master I, dir. A. Timbert, Univ. Charles-de-Gaulle - Lille 3.
2008, « La rose déposée de la salle du Trésor de la cathédrale Notre-Dame de Noyon (Oise) d'après les fragments du dépôt lapidaire », dans TIMBERT A. et HANQUIEZ D. (dir.), *L'architecture en objets : les dépôts lapidaires de Picardie*, Actes de la Journée d'études à l'université d'Amiens, 22 septembre 2006, Amiens, CAHMER (collection Histoire médiévale et archéologie, vol. 21), p. 59-82.

PAWLAK S.
2004, « Analyse architecturale de l'ancien réfectoire de la cathédrale Notre-Dame de Noyon et de son cellier », mémoire de maîtrise, dir. A. Timbert, Univ. Charles-de-Gaulle - Lille 3.

PRESSOUYRE L.
1980, « Le Patrimoine monumental de la France et ses réserves archéologiques. Réflexions d'un médiéviste », *Revue de l'art*, n° 49, p. 75-79.

SAPIN C. (dir.)
2004, *Le stuc : Visage oublié de l'art médiéval*, catalogue d'exposition, Musée Sainte-Croix de Poitiers, 16 septembre 2004-16 janvier 2005, Paris, Somogy - Poitiers, Musées de la ville de Poitiers.

TIMBERT A.

2003, « Saint-Martin-de-Boscherville, salle du chapitre », *Congrès archéologique de France*, Rouen et Pays de Caux, 161, p. 323-338.

2004, « Inventaire de la sculpture figurée du dépôt lapidaire de la cathédrale Notre-Dame de Noyon », ms. dact., Univ. Charles-de-Gaulle - Lille 3.

2005, « Fragments et documents inédits de statuaire soissonnaise des XIIIe et XIVe siècles : première approche », *Bulletin monumental*, 163, p. 137-142.

2008, « Sauvegarde et oubli des dépôts lapidaires. Le cas de Noyon et de la Picardie », dans TIMBERT A. et HANQUIEZ D. (dir.), *L'architecture en objets : les dépôts lapidaires de Picardie*, Actes de la Journée d'études à l'université d'Amiens, 22 septembre 2006, Amiens, CAHMER (collection Histoire médiévale et archéologie, vol. 21), p. 11-40.

TRICOIT M.

2004, « Le cloître de la cathédrale Notre-Dame de Noyon : étude architecturale et archéologique », mémoire de maîtrise, dir. A. Timbert, Univ. Charles-de-Gaulle - Lille 3.

2008a, « Techniques de mise en œuvre des réseaux du cloître de la cathédrale Notre-Dame de Noyon d'après les fragments du dépôt lapidaire », dans TIMBERT A. et HANQUIEZ D. (dir.), *L'architecture en objets : les dépôts lapidaires de Picardie*, Actes de la Journée d'études à l'université d'Amiens, 22 septembre 2006, Amiens, CAHMER (collection Histoire médiévale et archéologie, vol. 21), p. 121-146.

2008b, « Le dépôt lapidaire de la collégiale de Saint-Quentin : première approche », dans TIMBERT A. et HANQUIEZ D. (dir.), *L'architecture en objets : les dépôts lapidaires de Picardie*, Actes de la Journée d'études à l'université d'Amiens, 22 septembre 2006, Amiens, CAHMER (collection Histoire médiévale et archéologie, vol. 21), p. 165-180.

VOYRON A.

2007, « Étude architecturale du pavillon Anne de Beaujeu et la galerie Armand Brugnaud depuis la construction du pavillon jusqu'au XXIe siècle », mémoire de master, dir. A. Regond, Univ. Blaise Pascal Clermont-Ferrand.

Table des matières

Conception-réalisation :

P CRAHM

Publications du CRAHM – Caen
Tél. 02 31 56 56 09
Fax 02 31 56 54 95
crahm.publications@unicaen.fr
http://www.unicaen.fr/crahm/publications

Achevé d'imprimer par Corlet, Imprimeur, S.A. - 14110 Condé-sur-Noireau
N° d'Imprimeur : 140656 - Dépôt légal : septembre 2011 - *Imprimé en France*